AI 营销

MAKE IT ALL ABOUT ME

从多渠道到全渠道

[丹麦] 拉斯穆斯·霍林德
Rasmus Houlind

[英] 科林·希勒
Colin Shearer

著

王丽斌

译

中国科学技术出版社
·北京·

© Rasmus Houlind and Colin Shearer 2020
Copyright licensed by LID Business Media Limited.
Arranged with Andrew Nurnberg Associates International Limited.
北京市版权局著作权合同登记　图字：01-2024-0432。

图书在版编目（CIP）数据

AI 营销：从多渠道到全渠道 /（丹）拉斯穆斯·霍林德（Rasmus Houlind），（英）科林·希勒（Colin Shearer）著；王丽斌译 . — 北京：中国科学技术出版社，2024.5

书名原文：Make It All About Me: Leveraging Omnichannel and AI for Marketing Success

ISBN 978-7-5236-0422-9

Ⅰ.①A… Ⅱ.①拉… ②科… ③王… Ⅲ.①市场营销学 Ⅳ.① F713.50

中国国家版本馆 CIP 数据核字（2024）第 038826 号

策划编辑	杜凡如　李　卫	责任编辑	刘　畅
封面设计	东合社·安宁	版式设计	蚂蚁设计
责任校对	焦　宁	责任印制	李晓霖

出　　版	中国科学技术出版社
发　　行	中国科学技术出版社有限公司发行部
地　　址	北京市海淀区中关村南大街 16 号
邮　　编	100081
发行电话	010-62173865
传　　真	010-62173081
网　　址	http://www.cspbooks.com.cn

开　　本	880mm×1230mm　1/32
字　　数	180 千字
印　　张	8.75
版　　次	2024 年 5 月第 1 版
印　　次	2024 年 5 月第 1 次印刷
印　　刷	大厂回族自治县彩虹印刷有限公司
书　　号	ISBN 978-7-5236-0422-9 / F·1199
定　　价	68.00 元

（凡购买本社图书，如有缺页、倒页、脱页者，本社发行部负责调换）

序　言

2015年，我首次出版了丹麦语版本的《个性化服务：征服客户》(*Hvis det handler om mig, så køber jeg!*)[1]，当时本书和《全渠道六边形营销策略》(*the Omnichannel Hexagon*)就初具雏形了！撰写本书时，我还是数字代理公司Magnetix的战略总监。当时我觉得有必要快速厘清数字沟通、个性化、大数据等混乱概念，并对其多加宣传。但是，我很快意识到了"全渠道"这个概念：公司可以采取什么策略，使客户通过所有的沟通和销售渠道与品牌互动。不过，全渠道这个概念的主题过于宽泛，我无法自己参透。于是，我开启了全面的研究，邀请市场营销、数字和数据科学领域的高层人士参加圆桌会议并进行面谈。此后，我逐渐弄懂了全渠道的含义，并构思出了全渠道六边形模型。

我在研究过程中清楚地知道，我们需要一种实用的全渠道方式，让组织中不同部门的员工在不产生误解的情况下，能够轻松谈论全渠道内容。因此，当我有机会利用丹麦商会（Danish Chamber of Commerce）和商业网络倡议公司

---

[1] 英文名为：Make it all about me and I'll buy it. ——译者注

（Networked Business Initiative）的知识与技术，把全渠道六边形模型扩展成在线基准工具时，虽然不知道结果会如何，但我清楚地意识到，自己要着手干一番"大事"了。

我的第一本书销量惊人，北欧的公司及营销机构广泛借鉴了书中的内容。外界对我颇感兴趣，邀请我去做主题演讲，聘请我担任顾问。迄今为止，我已在北欧和英国各地举办了100多场演讲。

看到全渠道六边形模型和在线基准工具得到应用，也看到世界各地和各组织人员在了解深入浅出的模型概念后作出的反应，我清楚地认识到，应该将全渠道六边形模型推广至北欧以外的地区。我开始调整模型，修改第一本著作，以适应更多地区的营销环境，也使书籍能更符合当下的发展。

自2015年我的第一本著作问世以来，市场变化很大。当时只有北欧最大、最具雄心的公司才会采用预测分析，但在2017年，我们看到了人工智能的兴起。它成了今天炙手可热的流行概念。人工智能表明数据分析可以达到新成熟度，越来越多的组织看到了发展潜能，知道全渠道转型结合人工智能会带来效益。

我于2016年年初识科林·希勒（Colin Shearer）。在我步入小学一年级时，科林就已经从人工智能专业毕业了。之后他创办了公司，研发市场领先的预测性分析产品——克莱门汀数据挖掘软件（Clementine），现在该软件名为 IBM SPSS Modeler。科林在国际商业机器公司（IBM）任职，主管SPSS软件期间，

序　言

他的业绩突出，与许多大型国际公司合作，帮助它们制定了人工智能预测分析战略。要带领读者领略人工智能营销的奇迹，还有谁比他更合适与我合著这本书呢？

使用营销数据的基础也发生了巨大变化。具有讽刺意味的是，欧盟《通用数据保护条例》以保护消费者为目标，限制组织收集和处理消费者数据，却使营销部门更容易获取并使用审计后的数据。《通用数据保护条例》迫使所有组织的信息技术部门管控客户数据，但消费者有权获得自身数据，并给予市场部门在规定范围内使用数据的权力。因此，原先市场营销部门建立影子信息技术[①]的日子一去不复返了。市场营销部门和信息技术部门的合作比以往更加紧密。

高层管理人员和高级经理越来越认可以客户为中心的全渠道模式，认为该商业模式有利可图。因此，在沟通和销售渠道推行大规模个性化服务的倡议，更容易得到高层的支持，传播该商业模式也比以往更容易，越来越多的公司使用全渠道模式获利。人们对全渠道模式的研究在增长，研究结果也证明其价值所在。

很明显，本书内容经过大幅度调整。尽管全渠道模式的核心原则大体上不变，但本书已经重新撰写了。在线基准工具也

[①] 影子 IT（Shadow IT）也被称为 Stealth IT、Client IT、Fake IT，是组织中的信息技术（IT）系统，由组织内部建立并且使用，而系统是由信息技术部门以外的部门制定规格并且部署的。——译者注

改动很大，包括增加最新问题、增加情境来解答难题并解释答案，帮助受访者确定未来的方向，以便在人工智能全渠道营销中取得成功。

真诚希望本书及在线基准工具对您有用。

拉斯穆斯·霍林德

前　言

黛比准备派对服装

下周六，黛比要去参加克里斯汀的生日聚会，但不知道穿什么衣服，于是她拿出手机，打开照片墙（Instagram），在主页推荐的动态里发现诺德斯特龙百货公司（Nordstrom）新来的设计师推出了一款很棒的服装造型。照片显示，一位漂亮的女孩，上身穿着衬衫，下身搭配裙子，腰间装饰着一条腰带。她点击帖文，链接就转到了诺德斯特龙百货公司的网站，看到了相关商品。她下载了该公司的应用程序并在上面完成了注册。

黛比决定试穿软件上的三件衣服，于是将其添加到心愿单，点击了"预订"。她没有试过该公司的"预订"功能，所以不知道后续服务是怎样的。应用程序向她发送了确认信息，承诺销售员会在两小时内备好商品。

半小时后，她收到通知，当地的诺德斯特龙百货店已经备好了衣服，她可以前往试穿。

她来到商店后，收到另一条通知，提示她可以在哪里拿到预订的衣服。但是她试穿后，对衣服不太满意。很明显，她还是不知道下周六应该穿什么。

几天后，她又收到一条通知，让她尝试一下公司新开发的管理服务应用——"风格版"①。她只需回答几个穿衣风格和偏好的问题，就能获得着装建议。这种服务方式，与其说是为客户提供关怀，不如说是为客户提供个性化服务。星期六快到了，她需要赶快做出穿着决定。

当天晚些时候，她收到通知，造型师专门为她设计了服装搭配。她在应用程序里查看了造型师推荐的衣服，感觉相当不错，一些搭配建议也确实很棒。她自己有一条裙子，刚好可以搭配造型师推荐的衬衫。她熟悉这个品牌的尺码，于是决定马上购买这件衬衫，并希望立即拿到衣服。她甚至不需要走进商店，待在车里等候时，店员就把衣服拿给她了。

现在她已经为周六的聚会做好准备了。未来她肯定还会在诺德斯特龙百货公司购物！

故事虚构但场景可能真实存在

如上所述，黛比的故事情节纯属虚构，但场景并非不切实际。诺德斯特龙百货公司是世界上科技化程度最高的百货商店之一，该公司早已采用了这个小故事中提到的科技手段。除此

---

① 诺德斯特龙百货公司基于"科技＋关怀"的理念，开发了"风格版"管理服务应用，提供一组在线个人造型师团队。他们会通过调查问卷的形式，了解客户的个人风格，并为他们完成包括衣服、饰品、珠宝等搭配。在线个人造型师通过邮件的形式，给客户发送着装建议，告诉他哪些服饰或许能搭配他刚买的商品。——译者注

之外，诺德斯特龙百货公司正在大举投资全渠道战略的其他环节，比如先进的供应链优化、面积较小的新型实体商店——诺德斯特龙本地百货公司、将数据分析转化为规模化的个性化服务，以及不断培训员工使用这些技术"帮助客户展示自己的风格"。诺德斯特龙百货公司希望结合实体店铺和数字店铺的优势赢得市场，其目标是成为最高档的时装零售公司。正如本书的书名所示，为客户提供定制服务。

诺德斯特龙百货公司在2018年7月的投资者日会议上总结到，使用店内预订、"点击提货"（也叫作BOPIS模式，或者线上购物、线下提货模式），以及"风格板"和造型师等数字功能服务的客户，其消费金额是普通客户的2~5倍。2017年，《哈佛商业评论》（*Harvard Business Review*）的研究证实了该趋势。该研究显示，全渠道客户首次消费的金额增加了4%~10%，一年内再次购物的比例增加了23%。

从更广泛的层面来说，波士顿咨询集团（Boston Consulting Group）指出，在个性化服务方面的龙头企业，其增长速度比普通公司快两到三倍："在接下来的5年里，仅考虑零售、医疗保健和金融服务这三个领域，个性化服务就能为15%的相关公司带来8000亿美元的收入。"

波士顿咨询集团接着谈论如何才能获取成功："为了维持并扩大市场份额，职场人士需要重新思考业务，以个性化的价值主张为核心，结合真实体验与数字体验，加深客户联系。他们需要把品牌个性化置于战略安排重中之重的位置，并以此思考营销、运营、销售和产品开发等一切活动。"

诺德斯特龙百货公司并不是唯一一家投资全渠道策略的公司。2017 年下半年，Brightpearl① 进行了一项名为"全渠道零售业状况"（*The State of Omnichannel Retail*）的研究。该研究表明，在受访企业中，多达 91% 的零售商已经制定了全渠道策略或者拟进行全渠道投资，87% 的零售商认为全渠道策略对他们而言至关重要，但只有 8% 的零售商表示擅长全渠道策略，这就是我们所说的执行力的巨大差距！

零售商承受着来自亚马逊和阿里巴巴等国际电子商务巨头的巨大压力。亚马逊是最大的电子商务公司，就便利性和服务而言，该公司竞争力强大。此外，还有中国的京东和阿里巴巴，它们提供的商品价格低廉。

今天的消费者并不区分电子商务与商务，他们也不在意是否从本地公司购买产品，我们甚至无法确定他们是否会注意到这一点。消费者希望无论是在数字销售和实体销售之间转换，还是在沟通渠道之间转换，都能获得无缝衔接的客户体验。当公司给客户发送无关个人的消息，而没有考虑之前的互动时，他们就会感到恼火。

许多消费者愿意放弃个人数据，放弃一定程度的隐私，以获得便利和经济利益，这就是机会所在。企业要抓住这个机会，首先建立忠诚的客群，收集并处理客户数据，然后控制数

---

① Brightpearl 是一家制造零售管理操作系统的公司。——译者注

据的使用方式，无论是在线渠道还是实体商店，无论是客户联系企业，还是企业联系客户，都要努力去创造更好、更相关、更受欢迎的客户体验，但这需要企业进行根本性的变革，包括商业模式、组织和技术的转型，这就是撰写本书的意义所在。

全渠道转型

在当今的商业世界里，我们看到企业正在转变。刚出现新技术和沟通渠道时，它们充满兴奋与热情。现在，它们开始应用这些强大的技术和沟通渠道，同时精准专注于赢得更多客户，保持获利。

简言之，我们看到越来越多的公司从以销售为导向的多渠道模式，转向全渠道模式，在作出所有重大决策时，能重点考量客户赢利能力和客户忠诚度。下文将探讨有关该主题的更多内容。

数字兴奋

无须赘述，数字技术的出现最初给人们带来了极大的兴奋感。新沟通渠道和数字工具突然大量增长，营销人员获得了它们的使用权。一般来说，首个问题是如何使用这些工具。但发展至今，营销人员能实现什么目标？原先努力实现的目标，现在要如何更好地达成？

从多渠道到全渠道

数字技术的出现开启了多渠道营销模式，这基于在营销和销售中使用多渠道进行沟通的能力。从现代观点来看，那时的营销功能呈现的趋势：只将传统的营销系统复制到当时的数字新渠道上。因此，终端客户能够感受到，任何公司发起的营销活动都一样，而多渠道营销不会考虑客户与每个公司的互动历史。

在纯粹的多渠道营销中，营销人员收集并使用每个渠道的数据，最大限度地优化该渠道绩效，但这并没有起到任何激励作用，至少对于员工而言是如此。多渠道营销往往聚焦个人的沟通渠道，在开发优秀的应用程序或网站方面效果不错。但是涉及渠道集成时，挑战就出现了。

跨渠道营销是多渠道营销到全渠道营销的中间过程。多渠道营销和跨渠道营销的根本区别在于数据的使用。在跨渠道营销中，人们认识到客户在购买过程中会多次转换渠道。我们鼓励渠道经理从其他渠道获取数据，因为数据的来源越广泛，便越有利于个性化服务和市场细分。但在跨渠道营销阶段，还未出现以客户为中心的组织，内部存在竞争以及"非客户中心化"的目标、工具和数据孤岛，所以筒仓[①]（silo）效应仍然强大。

[①] 筒仓指的是公司中缺乏沟通和跨部门支持的现象。——译者注

全渠道营销是跨渠道营销的下一个阶段。在全渠道营销阶段，整个组织已经习惯了客户的购买决策并非线性。大体上，每个沟通渠道都是双向的。组织收集并存储数据，以便日后在所有沟通渠道互动时使用，因此全渠道（omni-chanel）的单词前缀为"全"（omni）。事实上，如果客户打开邮件时，最近登录过邮箱，客服中心会立即知晓这些信息，并且知道客户在网店和实体店的购买历史。这里并不存在渠道冲突，员工并不会偏向将客户推向特定的渠道，而是在客户购买产品时，以开放、熟悉的方式给予帮助。与客户的所有交流也是基于他们与公司的互动历史，公司可以根据客户透露出的兴趣偏好推断出客户的兴趣点。公司结合这些方式，可以最大化每个客户的信息相关性，从而使他们更快、更多、更频繁地购买产品，并传递给朋友积极的购物体验（见图0.1）。

上文对全渠道的描述清楚地表明，要想在全渠道模式中获得成功，需要整个企业付出更多努力，而不是仅仅停留在实现"数字化"层面上。

本书把销售渠道和沟通渠道简称为"渠道"；"全渠道营销"特指通过所有渠道而进行的个性化客户沟通；"全渠道"包括全渠道营销和全渠道商务。

全渠道适用所有行业

尽管零售商及以客户为基础的零售品牌很快接受了"全渠道"的概念，但该术语绝不局限于零售商业领域。如果某个企

单渠道（single channel）　　　　多渠道（multi-channel）

跨渠道（cross-channel）　　　　全渠道（omni-channel）

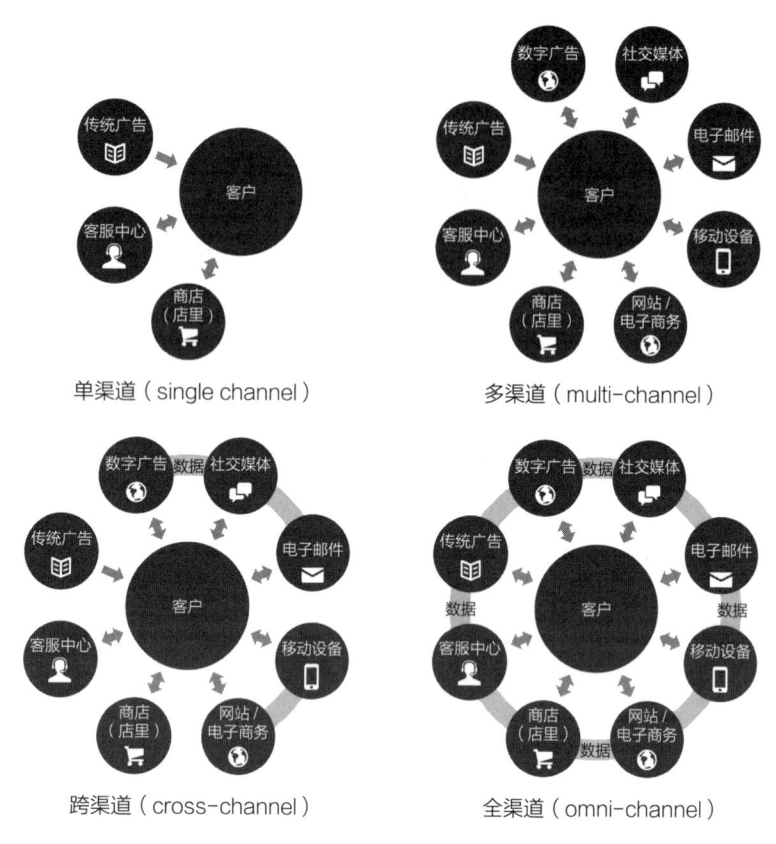

图 0.1　四种渠道类型

业没有实体产品或实体店，并不意味着客户只能借助单一的沟通或销售渠道去搜寻产品或寻求售后服务。零售企业要实现全渠道经营，需要大量的供应链和库存管理，但其他行业可能无须如此。为了使本书能广泛适用各行业，我们特地避免谈到整个供应链，而是集中讨论沟通和数据内容。

前言

超越数字化转型

如何开发新工具以及如何用数字化增强企业内部的各种职能,这些问题引发了围绕数字化转型的激烈争论。企业应该如何利用数字技术支持现有的业务流程,创新并发明新的商业模式?

你目前的情况可能如下:

- 你的企业在相关数字和社交渠道上站稳脚跟;
- 你有第三代(或第 N 代)网站;
- 你在做电子邮件营销;
- 你在大多数沟通渠道上尝试过个性化服务;
- 你把广告支出花在程序化广告[①]上;
- 你在开发产品和服务时考虑过数字化;
- 你使用商业智能提供数字信息和预测功能,并支持采购商业智能技术。

虽然这些情况可能会继续存在,但这些技术能为各业务环节提供什么,你也许还没穷尽式地探索过。但现在是时候改变关注点,进入我们所说的全渠道转型了。

[①] 程序化广告是指利用技术手段进行广告交易和管理。广告主可以程序化采购媒体资源,并利用算法和技术自动实现精准的目标受众定向,只把广告投放给对的人。——译者注

全渠道转型满足客户期望

另一个重要的商业趋势是"客户时代"或 B2Me[①]，主要强调全渠道转型的需要。该趋势的核心是把客户及客户对个性化服务的期望放在首位，通过相关产品或个性化信息与他们进行适时的交流。

以一对一的方式满足客户需求，这一想法并不新鲜。1993年，作家唐·佩珀斯（Don Peppers）和玛莎·罗杰斯（Martha Rogers）合著了《一对一服务的未来》（The One-to-One Future）一书。该书阐述的观点具有前瞻性，因而出名。作者认为，现在是时候让企业开始以客户为中心，而不是过度关注销售渠道和产品的"孤岛"。你可能会问："为什么是现在？"

《客户时代》（The Age of The Customer）一书的作者吉姆·布拉辛格姆（Jim Blasingame）表示，自 2015 年以来，数字革命导致购买过程的控制权发生转变。由于产品供应充足，控制权已经转移到消费者身上。消费者可以很快在互联网上找到下一个供应商，在很多地方都能找到产品的所有信息，以及其他客户对该产品的评价。此外，消费者很方便分享产品的正负面体验和评价，让后续客户借鉴相关信息。

这迫使企业重新重视客户，而非关注销售渠道或大量的供应商。后者承诺只要企业购买它们的新产品，收益就会源源

---

① B2Me 全称是 Business to Me，即针对客户个人的营销。——译者注

不断。

数字革命带来了大量的机遇，是时候改变重心，并确保营销人员聚焦客户，同时应用技术和业务洞察以保持营销方向。

全渠道转型

全渠道转型模式既是营销领域，也是其他商业领域的深刻变革。

全渠道转型需要市场营销、销售、数据分析、零售甚至人力资源领域转变现有的工作方式。这需要首席执行官们的支持，需要他们在转型时起到核心引导作用。

再者，即使整个组织都为全渠道营销做好了准备，你也无法始终能为客户提供个性化的沟通服务。你永远无法获得完整的客户数据库，无法获得所有客户充足的数据，也无法总能为每一个客户提供密切相关的沟通信息。这意味着你不能突然放弃通用的营销策略，必须保留它们。

对于大多数公司而言，全渠道转型像在驾驶飞机的同时改造飞机。而且，如果你并未投入任何额外的资源，那意味着飞行员就是改造者。

但是随着时间的推移，你的整个组织将以客户为中心，拥有庞大的已知客群、大量的人工智能模型，以及丰富的沟通信息，能与合适的客户实时进行自动化沟通。线下门店的人员和客户服务代理还会接受培训，并配备沟通工具，以弥合销售和沟通渠道之间的差距，使客户在大多数情况下能获得相关沟通。

这时全渠道转型就完成了。

营销人员的工具

本书是营销人员的工具书，旨在帮助营销人员引导组织迈入全渠道的新世界。为了使本书尽可能易于读者理解，我们创建了全渠道六边形成熟度模型，以指导你完成转型。请继续阅读本书，以获得更多信息。

全渠道六边形模型

本书介绍的主要模型是全渠道六边形模型，它概括了所有沟通和销售渠道的特点。要想获得全渠道营销成功，相关学习必不可少。本书在阐述全渠道六边形模型时，既没有用沟通渠道术语，也没有用部门专属术语，而是用一种中立的语言表达，以方便你和同事使用该模型讨论全渠道的重要话题。

全渠道六边形模型的目标

全渠道六边形模型的目标在于提供处理和评估全渠道营销进程的方法，让企业更好地知道自己在全渠道营销中的发展进程，知道企业的优先发展事宜。通过描绘企业的全渠道成熟度，并与竞争对手进行比较，就能清楚地知道，公司应该往何处着重努力，发展的方向在哪里。

前言

全渠道六边形模型还可以帮助你，向公司高层申请合适的资源和必要的预算。企业的不同部门可以在管理研讨会上基于该模型，发表对全渠道营销进程的看法，谈论该模式及其相关策略，激励员工转变态度，使其更容易将全渠道营销视为共同目标。更多信息请参阅第六章。

六大策略

为了能高效地进行全渠道营销，你和企业需要遵守六大策略（见图0.2），这样才能将客户置于更加中心的位置，使相关业务更加熟练。这些策略如下。

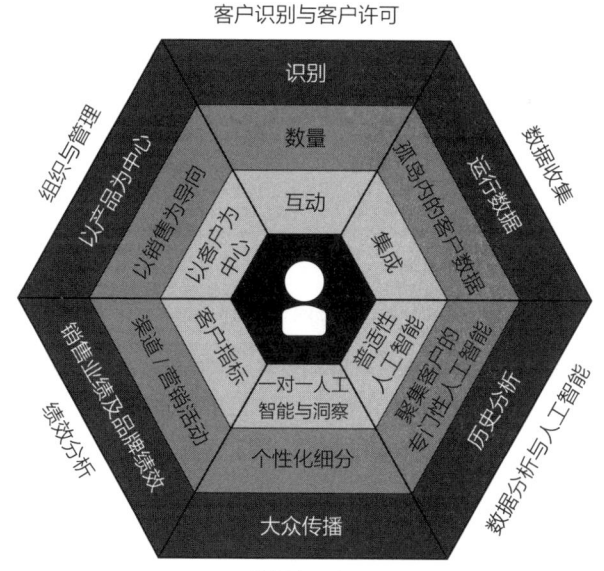

图0.2 全渠道六边形模型

客户识别与客户许可：在渠道上识别越多客户，并主动去接触客户，个性化服务产生的总体效果就越好，利润就越高，同时在付费媒体上曝光所需的支出就越少。

数据收集：数据是公司对每一个客户储存的记忆。要为客户提供更具相关性的沟通与服务，数据收集是先决条件。营销人员必须系统地收集并整合客户数据，以得到每个客户全面的信息。

数据分析与人工智能：数据与理想和非理想客户行为的相关性可以通过人工智能与预测分析进行细微洞察。企业基于这种洞察可以为客户提供个性化服务，并对客户进行优先级排序，同时评估全新的全渠道转型带来的效果。

沟通与服务：如果数据和分析没有得到利用，就不会产生价值。企业可以用数据分析获得的洞察，在合适的时间，用合适的渠道，为每个客户提供恰当的沟通与服务。如此一来，无论是你去联系客户，还是客户主动联系你，你都能知道自己与每个客户的往来历史。

绩效分析：要想发展以客户为中心的企业，并衡量它是否成功，就需要监控未曾监控的指标。你应该将客户指标纳入业绩分析中，而不是仅仅关注单个渠道和活动。

组织与管理：组织和激励机制应该提供支持，鼓励在各渠道提供最佳的客户服务，否则员工的计划和目标很快就会阻碍公司实现全渠道模式。你的公司还必须拥有正确的企业文化、技能和工具。

前　言

这六项策略适用所有渠道。例如，评估公司的沟通和服务成熟度时，这些问题和答案就适用各渠道。成熟度是从外到内依次进行衡量的，因此你需要从企业是否满足最外层的标准开始评估，然后向中心层移动。大多数公司会处在每个策略最外层的位置。

这些策略没有固定的顺序，但在大多数情况下，如果一个策略的成熟度不够，就很难把握另一个策略。例如，不太精通数据收集，就不太可能做好数据分析和人工智能；不能识别客户并拥有一定数量的客户数据，就很难使客户沟通具有相关性。你的目标在于使各种策略缓慢地向六边形内移动，同时建立、维持并加强各渠道与组织实体的相互作用。

全渠道六边形模型为什么不包括产品策略

我们被多次询问，全渠道六边形模型为何没有独立的产品策略？理由有以下几点。

首先，不同公司的业务重心不同，是以单一产品还是单一联合服务为核心，这一点存在差别。有些公司拥有一个核心服务，业务围绕此展开，而有些公司拥有很多产品。如果你的公司属于后者，那么更重要的就是为每个客户选择合适的产品，而不是提升产品本身。

其次，本书的一些读者并不能在很大程度上改变产品或服务本身。因此，单独的产品策略并不能通用。

但是，这六个策略可以用来开发产品。例如，公司应该使用数据收集、数据分析与人工智能更好地了解客户并洞察他们的需求。

◎ **沟通和服务是产品体验的重要组成部分**

沟通与服务策略会大大影响客户对产品的感知价值。例如，一位客户在商店看到一枚戒指。该戒指设计美观，由优质的材质打造而成，本身就具有一定的价值。但是，如果销售人员与客户进行交流，描述戒指，传递设计师的设计想法、戒指的手工品质等，客户的感知价值就会得到提升。这是更好的（或许不同的）产品价值体验，增加了口碑和品牌故事的影响力。在某种程度上，沟通和服务策略包含产品或者至少包含产品体验。

◎ **为什么全渠道六边形模型不包含品牌**

如果品牌、服务或价格等基础要素本身不具有吸引力，那全渠道六边形模型和全渠道营销大体上就毫无意义。全渠道六边形模型应用的前提在于，品牌表达或者说明了正确的情感价值，这些价值能够激发客户的兴趣并与客户相关。全渠道六边形模型主要提供了一个实现途径，例如，在已知和运作的基础上做得更好。这就是全渠道六边形模型没有包含品牌的原因。

但是，良好的全渠道执行力能够极大地提高品牌的知名度。如果客户在改变沟通渠道时，知道公司不会遗忘他们的往来历史，无论他们在实体店还是通过任何一种数字渠道与品牌进行互动，都能获得相关及时的沟通，那他们就会更积极地看待公司品牌。

4种全渠道类型

自从2015年拉斯穆斯发布首个版本的全渠道六边形模型以来,已经有超过800家公司使用原先的在线基准工具评估公司的全渠道成熟度了。

我们在与商业网络倡议公司以及来自哥本哈根专注于研究成熟度模型的莱斯特·拉斯拉多(Lester Lasrado)博士共同调查数据时发现,各策略的成熟度在很大程度上存在相关性。因此,我们定义了以下4种全渠道成熟度类型(见图0.3),以帮助描述特定的全渠道发展状态,但更重要的是,它能为全渠道转型成功提供指导方向,让企业成为客户可以信赖的顾问。

客户洞察能力	科学家	值得信赖的顾问
	制造商	销售员
	直接沟通能力	

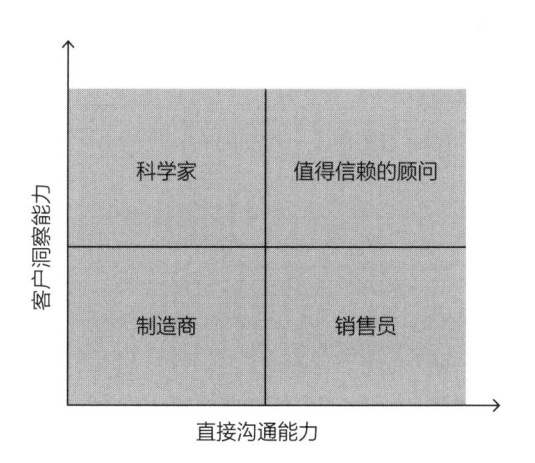

图0.3 4种全渠道类型

横轴表示通过沟通渠道与客户直接进行沟通。在客户识别与客户许可、沟通与服务方面相当成熟的公司,其直接沟通能力优秀。

纵轴表示,企业对客户行为的洞察能力。在数据收集、数据分析与人工智能方面相当成熟的公司,其客户洞察能力优秀。

右上角表示善于利用客户洞察,通过各渠道与客户直接沟通的企业。一般来说,公司在企业与管理、绩效分析上不够成熟,就不可能占据矩阵右上角(值得信赖的顾问)的位置。

◎ 制造商

制造商类型的公司与终端客户常常间接沟通,不会记录客户太多数据。通常情况下,这种公司六个策略的成熟度都很低。我们发现,制造商类型的公司多以产品为导向,将商品转售给第三方,很少为终端客户提供一对一的服务。制造商类型的公司进行全渠道转型时,需要在各个层面进行转变,如果希望达到一定的全渠道成熟度,就需要与终端客户建立联系。

◎ 科学家

科学家类型的公司通常在数据收集、数据分析和人工智能方面相当成熟,但在客户识别与客户许可、沟通与服务方面不太成熟。虽然这种类型的公司很少使用数据分析去改善客户沟通,提高客户服务,但会运用研究和开发分析带来的客户洞察改进核心产品。这些公司往往是典型的技术驱动型公司,并经常建设硬件产品。要想提高全渠道成熟度,公司的营销团队就需要充分利用已掌握的卓越数据,积极主动地将客户的普通体验提升为愉快体验。

◎ **销售员**

销售员类型的公司通常在客户识别与客户许可、沟通与服务方面较为成熟，但在数据收集、数据分析与人工智能方面不太成熟。这种类型的公司虽然取得了客户许可与同意，但主要是为了将广告曝光从付费媒体转移到电子邮件、网络、应用程序、短信等媒体平台上。这意味着，它们除了偶尔对客户进行细分，提供个性化沟通，并没有对传统的普适性沟通方式作出任何改变。大部分这种类型的传统零售商都倾向于努力实施全渠道策略。客户经常认为这些企业一心只想推销产品，甚至死缠烂打地进行推销。这种公司要提高全渠道成熟度，就需要更加认真地对待数据收集与分析，需要营销团队开始结合营销（数据）分析并激励企业更广泛地采用数据技术进行营销。

◎ **值得信赖的顾问**

模型右上角是值得信赖的顾问类型公司，这里可以找到全渠道业务的顶尖人才。这类公司在数据和沟通的四个相关策略上相当成熟；在绩效分析、组织与管理方面也表现不凡。但如果它们不努力调整企业结构，将聚焦绩效分析转变为关注客户，就无法成为真正的全渠道公司。

使用在线基准工具评估公司的成熟度

一些首席执行官非常关注公司的直接竞争者，但忽视思考京东或亚马逊等大公司是否会赢得整个市场。因此，判断企业是领先还是落后于竞争对手，这很有帮助。

为此，我们与商业倡议组织结盟，使用全渠道六边形模型，共同开发了一个全新的全渠道基准工具，用于测量全渠道成熟度。你可以参见下图，快速确定公司六个策略的成熟度，还能知晓公司在竞争对手中的排名。

之后，你可以选择邀请企业员工回答相同的问题，展示员工或者企业更深层面上的情况。你也能清楚地了解你和同事对同一事情的不同看法，这可以激发知识共享与协作。

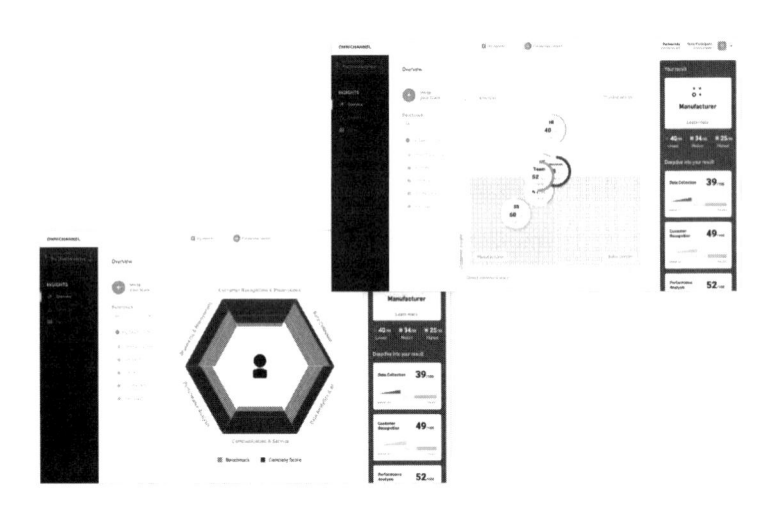

图 0.4　网站样式

商业网络倡议公司会收集所有的回答数据，用于全渠道成熟度研究。你的数据不会公开，且经过匿名处理，它会作为全渠道基准工具的一手数据，为其他公司提供提高参考和一般性分析。

前 言

全渠道基准工具除了提供原始的基准数据，还能为你提供洞察，帮助你知晓公司最像哪种类型的全渠道企业，并与其他受访企业进行对比。

关于本书

本书会为你提供以下建议：如何利用人工智能进行全渠道营销，并取得商业成功。我们相信，首席营销官已经具备能力，能够领导组织进行必要的全渠道转型。市场营销与商业成功密不可分。

本书作者基于全渠道营销领域的经验和一百多位行业专家的心血，借鉴最新的文献资料，开发了全渠道六边形模型，以此衡量全渠道策略的成熟度。该模型提供了框架，可以让你实现营销目的，并在不牺牲利润率的前提下，确保你采取的每一个行动都在不断改善客户体验。

本书将介绍你需要掌握的六大策略，告诉你如何在运用这些策略时，将客户置于更核心的位置。你会了解所在组织在使用全渠道策略时的进展情况，知道哪些障碍可能会阻碍全渠道发展。

你可以根据以下四种全渠道成熟度公司，确定你所在公司对应的类型，并帮助你找到推进全渠道进程的策略。此外，全渠道六边形模型将作为试金石，检验你是否应该执行或者如何执行下一个项目，以及你应该考虑哪些因素，才能真正为客户提供最佳体验,并让公司最有利可图。

本书分为六章,每一章对应全渠道六边形的一个策略,介绍各策略的中心主题。本书深入分析全渠道营销与六大策略的关系,并探讨最佳、最可获利的客户体验。

为了帮助揭开全渠道营销的神秘面纱,本书的每一个章节都以案例开头,所选案例与章节策略息息相关。这些故事情节全属虚构,灵感来自一些文章,以及与案例公司的交流和谈话。文中的案例故事并不在于要准确地呈现现实情况,而旨在启发你的灵感。

我们有必要对本书涉及的法律问题做出类似的免责声明。书中的营销策略未必在世界各国都合法。请在行动之前,咨询当地的法律顾问。

希望您的阅读之旅有所收获。

拉斯穆斯·霍林德
科林·希勒
2019 年

目录
contents

第一章　客户识别与客户许可　　001

第二章　数据收集　　035

第三章　数据分析与人工智能　　071

第四章　沟通与服务　　113

第五章　绩效分析　　171

第六章　组织和管理　　209

结　语　　241

致　谢　　245

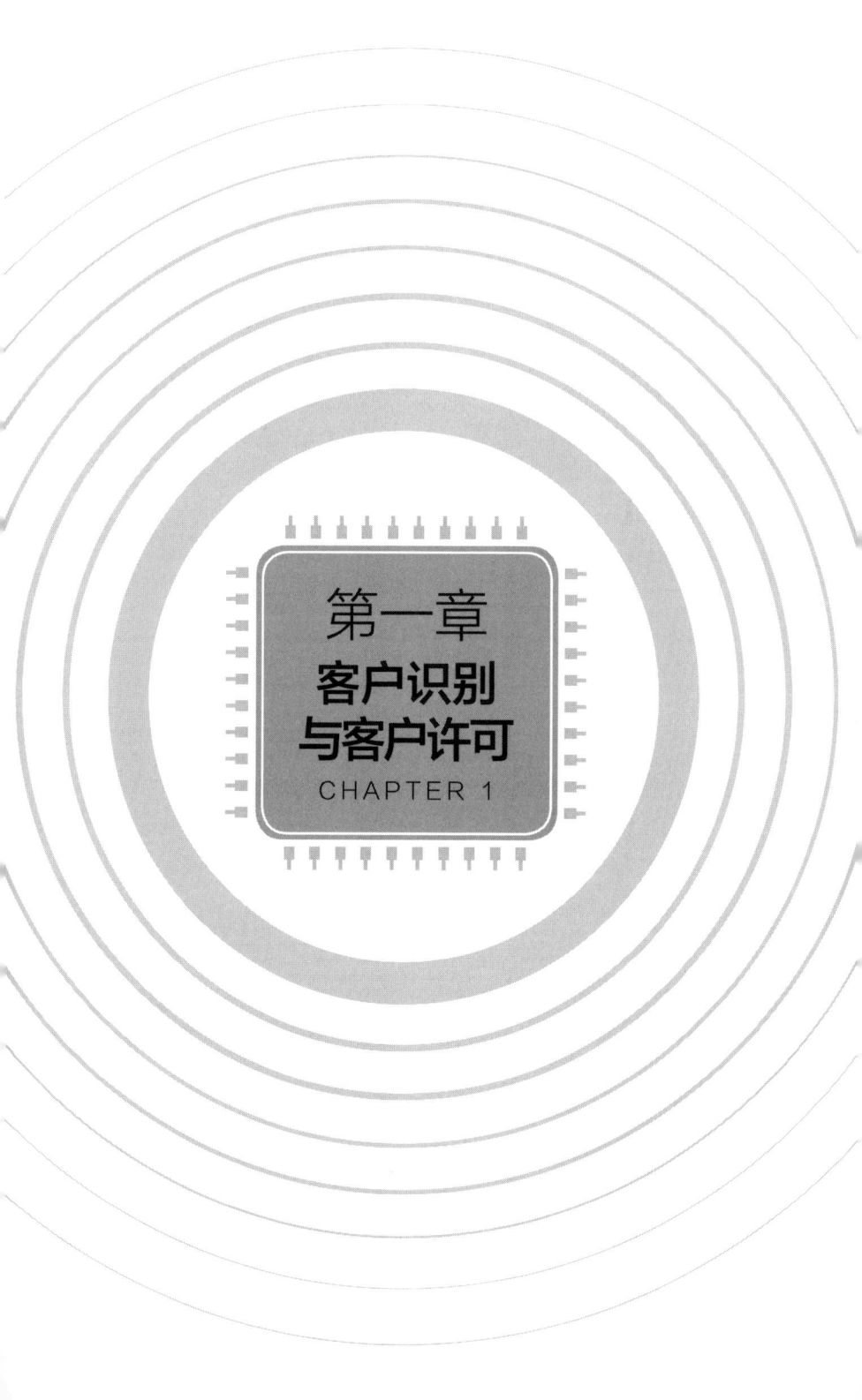

第一章
客户识别与客户许可
CHAPTER 1

第一章
客户识别与客户许可

识别客户是个性化服务的基础。你能通过渠道识别多少客户？你是否可以选择与客户进行一对一沟通（见图1.1）？

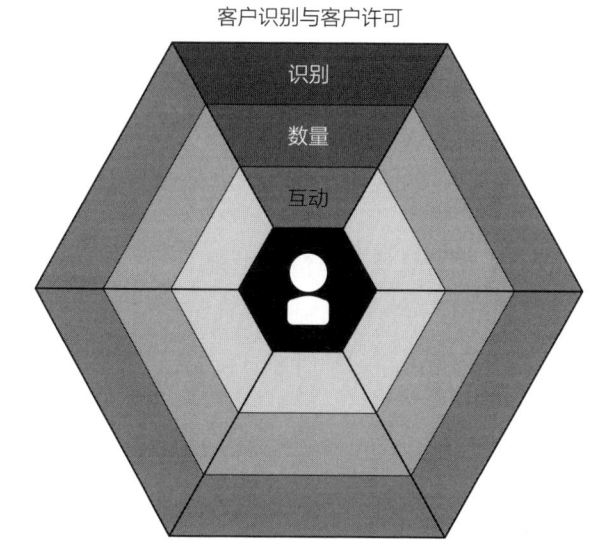

图 1.1　客户识别与客户许可成熟度

王磊住在上海，他与爱人张敏即将迎来两周年结婚纪念日。他以前从未购买过珠宝，但最近注意到自己喜欢的偶像在微信上分享了自己佩戴某品牌珠宝的照片。王磊点击了该品牌珠宝微信旗舰店的链接，关注了该品牌，并将一些项链和戒指加入了心愿单。该旗舰店提示，他可以前往该品牌线下门店看珠宝，并通过微信预约到店服务。

王磊来到实体店，看到客户在一面"魔镜"前试戴珠宝。"魔镜"会拍摄你试戴珠宝的照片，并将照片发送到手机终端，让你实现微信分享。如此一来，你就可以在购买珠宝前征求朋友们的意见。要使用店里的"魔镜"功能，你就必须登录微信账号，加入该品牌忠诚度计划。王磊在该品牌微信旗舰店找到心愿单的详细信息，一位销售员向他展示了相关珠宝。

后来，张敏拆开王磊送的项链礼物时，又惊又喜。王磊偶尔还会收到该品牌发来的消息通知，提醒他今后继续购买该品牌的珠宝。

上述例子是真实场景（但情节虚构），描述了客户在某品牌公司的购物体验，以及该品牌如何通过沟通和销售渠道精心识别客户，并征得客户同意，以便日后直接沟通。这个案例明确说明了本章的主要内容。

我们建议你向此品牌学习，将影响者营销与社交媒体相结合，以此接触潜在客户，再利用微信和网店鼓励潜在客户联系公司，并提供私人信息。线下门店使用技术识别客户，并延续了客户在数字渠道上中断的购物体验。该营销方式颇具启发性，将帮助你在品牌与客户之间建立持久的联系。

我们建议你遵循相同的营销准则（如有必要，除了使用微信，还可以使用市场上更常用的渠道）与客户取得联系。无论利用哪种渠道接触客户，你都必须能够识别他们，只有这样他们才会觉得自己处于被关注的焦点。你也应该寻找机会与他们开展对话，否则商家跟客户之间很快就会变成单向传播关系。这就是你要征得客户同意的原因，这也叫征得客户的"许可"。

我们把客户识别与客户许可视为相同的准则，因为两者的实现途径经常存在重叠。通常情况下，邮箱地址、电话号码或应用程序账号（或者结合多种方式）是识别客户的主要途径。同时，它们也是你与客户直接沟通的渠道。

从更广泛的意义来讲，这个准则是指必须建立一个庞大的、专门的客户与非客户信息系统，以便成功使用各种渠道。无论客户是进入商店还是打电话给你，你都必须能够识别各渠道的客户。与此同时，当你想要采取行动时，必须要能接触到客户，最好是使用你收集的客户数据，为每一位客户量身定制个性化信息。

系统化地识别客户并征得客户许可，是全渠道六边形模型的第一大策略。它是个性化沟通的基础，也是分析数据的关键。不了解客户，又如何为客户"量身定制呢"？

现在谈论一下客户许可。不要指望客户能主动联系你。也许你有全世界最优质的产品，或者你愿意一掷千金做内容营销，但又有多少企业能做到呢？

如果客户认为，他们与公司属于双向互动关系，那你必须能在所有渠道识别他们。公司也应该时不时联系客户，但不要频繁联系，也不要死缠烂打，否则客户会有压力，感觉被"强买强卖"，那你就无法将他们发展为忠实客户。

赢利能力取决于自有媒体的覆盖范围

不断地在谷歌或脸书上买广告吸引客户关注，费用很昂贵，更不用说在电视、纸质媒体或电台上做广告了。以上这些沟通渠道都统称为"付费媒体"。谷歌搜索界面的广告费很荒谬，企业在打广告时，客户可能已经搜索过品牌了，如果他们再次点击，企业还要付费。

自有媒体包含所有的沟通渠道，且无须付费曝光。在现实生活中，自有媒体至少包括电子邮件、网络、应用程序、短信，甚至是实体店内外的标识。企业与客户的沟通方式，越早从付费媒体转移到自有媒体就越好（同时也越便宜）。

如今，许多有追求的零售商都制订了某种形式的忠诚度计划，以此征得客户的营销许可。但是在通常情况下，取得客户许可被视为是一种纯粹的数字活动。授予客户电子会员资格是招募品牌新会员的最佳途径。如果公司要获取同样重要的客户行为数据，它也是最佳方式。但是实体店可能不认可客户的电子会员资格。更多关于"渠道冲突"的内容，请参见第六章。

客户许可量高，细分客群就有利可图

建立强大的客群并取得相应的客户许可，可以获得另一个显著的好处：随着客群增大，细分客群也会相应扩大。

事实上，我们知道，为客户提供个性化内容，并掌握沟通时机，可以大大提高沟通效果，其效力是原来的两倍甚至九倍。但是，如果个性化沟通接触到的实际客户量很少，没有达到关键数量，就无法贴补个性化内容产生的额外成本。客户许可量高意味着，即使细分客群规模较小，也能产生更多收益，这使为客户制作并发送个性化内容更加有利可图。

如果公司采用自动化沟通方式，比如触发沟通、营销自动化等，在取得大量的客户许可后，就可以定期与相关目标客户进行更多的自动化沟通。这种沟通方式效率很高，而且只需支付少量费用，就能接触到更多客户。

广告宣传重点：成为俱乐部会员

电视广告等传统付费媒体的优势在于，这些媒体往往可以非常快速地扩大广告的覆盖面。如果你今天要发送一条资讯，并让它迅速产生影响，大众营销仍然可以做到这一点。尽管观看流媒体节目已然成为趋势，但仍然有很多家庭每天晚上收看传统的电视频道。如果你今天在电视上投放广告，明天产品的需求就会增加，你就更有望达成季度销售目标。如果你要先征得客户许可，那么你在这之前的努力都不会产生销量。所以，你是否有足够的时间，可以长期制订相关计划并执行行动？

越来越多的传统广告在宣传片结尾号召客户注册某种形式的忠诚度计划、咨询服务，或下载应用程序，然后立即给终端客户推送销货导向的促销活动，这种方式能兼顾短期和长期收益。

识别客户并收集客户许可

通常情况下，企业通过电子邮件地址就能识别客户。电子邮件许可有时直接等同于客户许可。一直以来，客户授权公司直接将信息发送到他们的电子邮箱，这也是直接与客户进行数字沟通最常用的方法。给客户发送电子邮件是直观、低廉、有效的方式。在公司对外沟通的自有媒体中，电子邮件仍然是最庞大、最有效的渠道。话虽如此，今天消费者使用的渠道数量确实在猛增，可供选择的社交媒体非常多，比如色拉布（Snapchat）、照片墙、脸书、手机即时通（Facebook Messenger），以及中国的微信。在发送文字信息和推送通知方面，微信绝对值得一提。

在全渠道六边形模型和以客户为中心的经营模式中，你可以根据与客户的密切程度，对客户许可进行分类。客户登录公司网站或进入商店时，我们是否可以自动识别客户并给他们传达个性化消息，或者让客户口袋里的手机适时震动，接收相关消息？

公司在每一个渠道识别客户是一回事，而在所有渠道识别每一个客户又是另一回事。你要有能力将客户的电子邮件地址与电话号码相匹配，确保知道在和哪位客户通话。同样，你也需要将该信息与邮寄地址、脸书个人资料以及其他非传统的客户识别方式相对应起来。

善于识别客户并征得客户许可是指识别客户，并能联系同一客户在不同渠道的许可信息。公司需要尽可能识别更多客户，征得更多许可，并且联系更多渠道的许可信息。之后，请让客户与公司保持互动，这样一来他们就不会是数据库中的

"僵尸号"了。

上文首先回顾各渠道的客户识别方法,并探讨不同渠道的客户许可,之后讨论如何通过自有媒体和付费媒体有效收集客户许可,最后讨论该策略的成熟度。

客户识别

想让客户接收个性化信息,你至少要能识别客户。识别客户的方法有很多,有些方法只适用专门的渠道。

Cookie——在同一设备上识别客户

在网站上识别客户最简单的方法是,公司在客户的手机、平板电脑或电脑上放置一个称为"Cookie"的独特小文件。Cookie可以追踪设备,当设备再次访问网站时,就可以被识别出来。这个追踪个人用户的方法并非万无一失,因为可能会有多个用户共同使用平板电脑、计算机甚至手机,特别是在家里、图书馆、机场或其他公共场所共用设备时。值得注意的是,一段时间后Cookie会失效,这将导致追踪失败。

2011年3月,欧盟通过《Cookie指令法》(*Cookie Directive*),要求欧盟地区的网站主动告知用户,网站会给用户安装Cookie。但是,并非所有的网站都会告知用户。大部分用户认为首次访问网站时要点击"我接受Cookie",很令人讨厌。2018年5月,《一般数据保护条例》(GDPR)在欧盟立法生效,Cookie规则变得更加严格，现在要求网站给予用户权力，有权拒绝不同类型的Cookie，并且提高了对违规网站的罚款数额。截至本书撰写时，我们还未看到违规网站被起诉，并最终受到大额罚款的事件，但这只是时间问题。

虽然存在法律上的各种限制，但用户被网站识别时，他们已经不再感到惊讶；相反，现在越来越多的人期待被网站识别，知道这一点很重要。

登录与设置个人资料——在各种设备上识别客户

如果公司的需要更加确定，这是同一个客户（或用户）在浏览网站，那让客户登录网站是最好的选择。但是，此举必须理由充足，否则客户通常不会去登录。我们在完成线上购物时，经常需要登录网站，这是为了使客户的后续购买更加方便。商家会保存客户的联系方式、账单号、配送信息，以方便下次交易。如果客户还会在同一个商店下单，那登录账户就很有意义。

其他类型的功能也可能要求用户登录，心愿单就是其中之一。心愿单能够让用户和潜在客户保存感兴趣的产品，以供日后购买。客户想要使用心愿单功能，就需要登录账号。网站会记录客户的心愿单，之后访问就不用再登录账号了，除非客户退出账号。心愿单可以让客户保存他们特别感兴趣的产品，特别是当产品种类繁多时。

公司还能获得额外的好处。只要客户凭借个人信息登录网站，无论是用同一台设备还是其他设备，网站都能再次识别客户。此外，公司能从客户的心愿单中获取宝贵的信息，甚至可能设法用折扣券去诱惑客户，借此换取客户同意接受公司的产品宣传信息和新闻简报。

诱使客户提供电子邮件、名字和职称信息

如果无法提供强烈诱因诱使用户立刻编辑个人信息，你可以让客户免费下载电子书，那么可以要求他们登录网站，用姓名、职称、电子邮件地址等信息换取资料。无论用户是否勾选接收营销信息，你都有95%的概率获取该特定潜在客户浏览网页和产品的记录，然后通过其他方式与其联系。当然，这需要支持该功能的内容管理系统，或者在网站上安装一个合适的追踪工具。

例如，你在Sitecore的网站下载电子书时，不用下载很多文件，网站就知道你是否对它的软件试用版感兴趣。顺便说一句，Sitecore正是用来收集这些数据的软件。Sitecore并不是唯一支持这个功能的内容管理系统，类似的工具还有很多。

在实体店识别客户

在过去，商店识别常客并不难。店主经常站在柜台后面，就能分辨出哪一位客户是常客。聪明的销售人员会亲切地向常客点头问好，甚至可能记得客户的尺码和购买过的商品。

尽管这种情况依然存在，但今天零售业的特点是，商店规模越来越大，经验丰富的销售人员往往越来越少，这类销售人

员的流动率很高。国际连锁店遍布多个地方、城市和国家，如果没有某种共同标识，品牌实际上不可能跨越分店识别客户。对于实体零售而言，解决方法通常是建立忠诚度计划。

通过忠诚度计划识别客户

许多零售商为了识别客户，建立了忠诚度计划。客户在购买商品时，提供个人信息，并识别身份，以此获得折扣和其他服务或特权等某种形式的优惠，比如被邀请参加特卖活动。

很遗憾，大多数会员俱乐部的问题在于，客户只有在结账时，即在销售终端时，才会出示身份信息。因此，销售人员通常无法像传统的实体店员工那样，在认出常客后，为其提供个性化的指导和服务。销售人员只能在客户决定购买商品，并在结账处排队时，才能为其提供个性化服务，但往往为时已晚。

手机是识别店内客户的关键

用钱包里的会员卡表示会员身份的日子已经过去了。现在，会员卡是消费者手机里的应用程序。

移动应用程序除了减轻客户负担，让他们少带一张信用卡外，还利用信标（beacon）技术、无线网络或全球定位系统支持所谓的地理围栏[①]（Geo-fencing）。这些方法或多或少都能取

---

① 地理围栏（Geo-fencing）是一种新应用，它是用一个虚拟的栅栏围出一个虚拟地理边界。当手机进入、离开某个特定地理区域，或在该区域内活动时，手机可以接收自动通知和警告。——译者注

第一章
客户识别与客户许可

得同样的效果。一旦客户（授权应用程序进行特定营销后）进入特定的地理区域，就会接收到一些信息。例如，客户可以接收到促销信息。但更重要的是，零售商现在知道客户就在附近，甚至在店里，这有助于收集数据，也意味着销售人员可以获得通知。实际上，这就是我们在本章开头所说的永恒印记的例子。

过去几年，很多零售连锁店都部署了自助结账系统，首先客户使用应用程序扫描店里的条形码，让商店知道客户在店里。客户选购商品时先扫描条形码，再放到购物篮，并在应用程序里添加信用卡，这样结账就更容易。英国连锁超市维特罗斯（Waitrose）使用应用程序 Quick Check 进行购买结算，英国百货巨头塞尔福里奇（Selfridges）使用 Scan & Go。

这家商店还有一个优势：客户不再匿名购买商品。下一章数据收集会对此进行更详细的介绍。利用应用程序进行购买结算，可以保留客户在实体店的购买信息，便于日后与其进行数字沟通。此外，该方式还有助于商店员工在识别客户时，了解他们在各渠道的往来历史。

善于识别店内客户的公司将在全渠道模式上具有领先优势。诺德斯特龙百货公司忠诚度计划的会员贡献了该公司约 50% 的营业收入，而根据美国零售联合会（National Retail Federation）的数据显示，由于威廉斯姆斯·索诺玛公司[①]

[①] 一家美国公开交易的消费零售公司，销售厨具和家用家具。——译者注

（Williams Sonoma）一直以来都提供邮寄服务，它能匹配70%的客户信息，将其购物记录与姓名、电子邮件地址、真实地址相联系。我们将在第二章开头知道，Amazon Go已经将店内识别客户提升到了全新高度，客户必须实名进入商店。

客服中心的语音识别

语声识别（voice recognition）不再是科幻情节。不要把语声识别与语音识别（speech recognition）混淆。语声识别是通过生物识别技术确定说话者的身份，这可以大大降低客服中心分辨客户的时间。每个客户信息都将存储一个语声"指纹"，换句话说，就是登记每个客户的声音。

面部识别

在探索新技术方面，中国是最具开拓性的国家之一。中国已经在上海浦东国际机场安装了具有人脸识别功能的闸机，中国公民办理登机手续极其容易。中国还计划在上海地铁实现这一功能，同时辅以语音识别功能，并借用支付宝提供数字支付服务。通勤者只需要看着摄像头，大声说出目的地，就能自动通行，同时账户会被扣除相应费用。

客户许可的类型——沟通的主动性

能识别客户与偶尔能主动与客户交流，这两者存在很大区别。当客户没有主动联系公司时，取得客户许可，并允许向他们发送相关信息，这一点很重要。浩腾媒体（OMD）和启智集团（Insights Group）的一项研究表明，被动客户的下单占据商品购买量的75%。对于这类客户，只有公司或竞争公司主动联系他们，他们才会考虑购买产品。因此，识别并取得许可接触的客户越多，客户关系就越有利可图。下文将探讨许可的不同类型和相关主题。

社交媒体是付费媒体

如果你能让客户在推特[①]或脸书等网站关注品牌主页或品牌简介，从理论上来讲，网站会将品牌的一些推文推送给他们，那他们可能会偶尔查看一下信息。相比客户进入公司网站或者来到实体店，现在你有可能更直接地接触他们。

但是，我们无法保证客户会查看脸书或推特的消息推送。此外，社交媒体网站运营企业客户资源时更加资本化，企业必须多次支付广告费用，才能更频繁地将推文推送给关注者。

如果你选择付费增加脸书曝光，网站可能根据性别、年龄、教育程度、地理位置、语言、婚姻状况和兴趣等信息，将你的帖子推送给合适的受众。如果你知道某些特定人群，他们拥有相同的行为（比如，购买过相同的产品），将其姓名、电子邮件、电话号码等信息导入网站进行广告推广，那就可以十

[①] 推特已更名为"X"。——编者注

分确信，广告一定会覆盖到潜在客户。但是，你无法保证你提供的信息完全正确，也无法将每个客户的姓名、购买历史或外部数据整合到帖文里进行精准推广。

问题在于，你永远无法利用社交媒体真正接近客户，除非付出昂贵的广告费用或者人工操作。因此，这种社交许可并非最能获利，但是在社交媒体上拥有大量"粉丝"仍然具有价值。分享有趣的内容，可以带来高曝光量，特别是在有"粉丝"评论分享时。但是记住，带有明显推销导向的推文（比如折扣）是无法被评论或分享的。

直接邮寄

你也可以利用客户的实际地址与其进行直接沟通。如果客户没有加入广告排除清单，或没有拒绝接受邮件消息，你可以给他们写实体信件。你应该根据"罗宾逊列表"（Robinson list）核查每个客户的地址。"罗宾逊列表"是一份公开目录，列出了拒绝在邮箱接收直接营销内容的客户信息，包括姓名和地址。

邮寄是直接营销的传统渠道。人工智能增强了客户信息的合并功能，使你能创建合适的个性化内容，并将其直接邮寄给收件人，但是这种方式并不划算。如果选择向客户直接营销，应该考虑设计、印刷、包装和邮费等问题。仅仅印刷、包装和邮寄费用，每件直邮件的成本就轻松超过 3 英镑[①]。

---

① 1 英镑约等于 9.05 元人民币。——编者注

虽然邮寄的费用相对比较昂贵,但是也有其优点,客户邮件的打开率通常很高。现今,客户很少在实体邮箱里收到信件了,所以突然收到实体信件,他们几乎都会打开。美国数据与市场营销协会表示,直邮件的回复率往往是电子邮件的 10~30 倍。

直接邮寄的另一个优势是,企业可以对其进行批量购买,甚至可以根据认定的媒体习惯、政治态度、收入等家庭统计数据进行认购。因此,如果你发现自己需要建立全新的客户关系,而且目标客户群在其他媒体群中分布不均,那邮寄直邮件是不错的媒体选择。

电子邮件许可

"注册电子简报,就能获得 300 英镑的礼品卡!"

你可能见过这条信息很多次了。当然,这类信息有好多种版本。如今,各种规模的零售商都有邮件清单和新闻简报。电子邮件仍然是最具成本效益的对外沟通渠道,可以与客户进行一对一沟通。尽管许多人认为电子邮件营销能力不强,甚至有些过时,但它具备许多渠道没有的优势。

◎ 成熟媒体

电子邮件是一种成熟媒体,它已经存在很多年了。它有先进的系统,可以用来发送邮件并拦截不想收到的信件。

◎ 创造性媒体——有很多规则和例外

电子邮件的内容可以极富创意。你可以全权控制邮件内容,把图片、文字甚至视频嵌入邮件中,所以相比较在白色卡片中传递枯燥的信息,电子邮件带给客户的体验更丰富。但是,查看电子邮件的应用越来越多,网页的呈现方式也有很大不同。作为邮件的发送者,你必须投入大量精力编写特定的电子邮件规则,并在所有应用上进行全面测试。

◎ 动态内容与合并规则

该方式与直接邮寄一样,存在一个优势,即能精准确定收件者,或者至少确定发送地址。大多数电子邮件服务商能够让你在邮件中创建合并规则,根据客户的信息和数据,个性化地编辑邮件内容。但不是每一个公司都使用这项功能。今天,绝大多数企业与客户进行沟通时,都是用同一封邮件群发给多位客户,这与传统的平面广告一样。两者的区别仅仅在于,发送邮件的成本很低。

有一些工具除了可以个性化编辑邮件内容,还可以创建高级触发程序,根据记录的客户信息,自动发送电子邮件。这些高级软件的功能不仅涵盖发送电子邮件,还涵盖其他许可类型和沟通渠道。详细内容请见第四章。

◎ 可测量性

电子邮件的优势在于,几乎可以跟踪到与客户的任何互动操作。最常见的衡量标准包括以下指标。

退信率:发送失败的邮件数/已发送的邮件总量;

打开率:客户打开的邮件数/已发送的邮件总量;

点击率:客户点击链接的邮件数/已发送的邮件总量;

转化率：使客户点击邮件链接，实施心仪行动（通常表现为购买商品）的邮件数/已发送的邮件总量；

退订率：取消订阅的邮件数/已发送的邮件总量；

垃圾邮件投诉率：被标记为垃圾邮件的邮件数/已发送的邮件总量。

除了评估客户与电子邮件产生的每一种互动行为，记录哪些客户会点击哪种类型的链接，这种方式也越来越普遍。它可以收集收件者的偏好与兴趣，用于进一步交流。

◎ 垃圾邮件

有些企业未征得客户的许可，私自给他们发送带有营销导向的电子邮件。这些企业对有电子邮箱地址的所有客户发送邮件，即使并未取得客户的营销许可，或者企业通过非法手段，获取客户的电子邮箱地址清单，比如从第三方购买或通过开放网页自动提取相关信息。企业发送的这种邮件被称为"垃圾邮件"。如果你们是正当的企业，则不适合采用这种做法。

◎ 邮件送达力——电子邮件能发送成功吗

大多数基于浏览器的电子邮件客户端，如 Hotmail 和 Gmail[①]都有专门的按钮，用户可以把电子邮件标记为垃圾邮件。Gmail 不会调查该认定是否属实，但是如果超过一定比例的收件人认定这些邮件为垃圾邮件，且邮件都来自相同的发件人（通常用 IP 地址衡量），那该发件人就会被列入黑名单，其发送的邮件

---

① Hotmail、Gmail 分别是微软、谷歌公司提供的电子邮件服务。

会被垃圾邮件过滤器自动处理至垃圾箱。垃圾邮件过滤器处理垃圾邮件，符合《通用数据保护条例》的法律要求。此外，该功能可以让收件人直接拒绝不想接收的电子邮件。

企业获得客户许可后，过了很长时间才发送电子邮件，这种行为也很危险。因为收件人可能会忘记自己曾授权企业发送电子邮件，然后将邮件标记为垃圾邮件。

在邮件送达力层面，有一个词叫"培根邮件"。它是指收件人允许接收但不阅读的邮件。可以说，在这种情况下，收件人看到了邮箱中的邮件，即使没有打开，发件人仍然获得了品牌印象或曝光，创造了更多的品牌知名度。但是，通常电子邮件中传达了更具体的信息内容，如果收件人没有打开邮件，就不会对此作出回应。

Hotmail和Gmail会监控发件人生成的培根邮件数量。如果你发送了大量邮件，都未曾被打开过，那你会逐渐受到惩罚，你的邮件送达力会下降。邮箱客户端会特别惩罚那些发送垃圾邮件陷阱的发件人。垃圾邮件陷阱是指那些长期未使用的电子邮件地址。Hotmail和Gmail会从注册用户处"收回"邮箱地址。如果你发送垃圾邮件陷阱，这明确表明你没有监控邮件清单的质量。对于并未打开邮件的收件人，你一直没有采取行动取消对其发送邮件。当然，问题在于，许多营销人员的绩效奖励是基于获得的客户许可数量，而非在此基础上活跃的人群数量。

为了防止正常发送的内部电子邮件被认定为垃圾邮件，你给客户发送电子邮件时，不要使用一般的域名，而应该用不同的子域名和 IP 地址发送。例如，如果你的域名是 company. com，不要用 newsletter@company. com，而要用 newsletter@email. company. com 发送邮件。

浏览器和桌面通知

浏览器通知是一种相当新的许可类型。用户访问公司网站时，浏览器或操作系统会申请用户的同意，让公司有权推送用户感兴趣的内容给他们。例如，油管（YouTube）网就使用浏览器通知获取客户许可。浏览器通知是文字通知，内容简短，类似应用程序的推送通知。我们认为这种方式相当具有入侵性，企业应该谨慎使用。向终端客户推送通知要基于数据驱动，且推送内容要有针对性。

这种沟通形式很新颖，但其产生的经济潜力如何，相关研究还有限。但是，它一定会额外提升品牌的知名度。此外，该方式的系统支持也相对有限。通常情况下，在常见的营销自动化工具中，浏览器通知并不是原生的沟通渠道。

近距离接触客户

经我同意，它可以在我口袋里震动。就业务沟通而言，几乎没什么比这样更亲密的了。

我们用"亲密的客户许可"表示这种接触方式，即针对个人发起的、相当亲密的沟通方式。它通过口袋里的手机振动接触客户，且可以随着客户进行移动。但是，这种让企业与客户亲密接触的沟通方式存在特定的最佳操作方式。

◎ 短信

企业给客户发送短信，这种方式已经存在许多年了。但是，与电子邮件相比，使用短信营销仍然相当局限，原因包括以下几点。

- 短信费用昂贵；
- 短信更难追踪，它不像电子邮件，后者可以追踪客户是否打开或者点击过邮件；
- 发送短信的工具往往无法提供高级的个性化服务；
- 短信的退订率通常高于电子邮件，相对而言，短信的侵入性较强，而且客户很容易退订；
- 尽管移动商务正在发展，但相较于点击电子邮件链接，再跳转在线网站进行购物，点击短信链接购物需要的路径更长。

但是，短信打开率确实很高。另外，单纯从实用的角度来看，收集电话号码非常容易。短信不像电子邮件，后者在输入和收集地址时经常会出现拼写错误。

◎ 谨慎使用

发送者必须考虑用户接收消息的情况。手机接收短信，很可能会有提示音或者振动提醒，因此发送者应该考虑发送时间。半夜收到短信就非常令人讨厌，如果你要跨时区操作，应该特别注意这一点。

短信通常作为通知工具，便于客户查询信息，比如：包裹什么时候发货？理发师什么时候为我服务？自行车什么时候维修？这有助于引起消费者对沟通的期望。短信好于电子邮件的原因在于，短信的内容是个人消息，与销售无关。

◎ **将消息推送到应用程序**

另一种联系客户的方法是，通过客户移动设备（手机或平板电脑）上安装的应用程序向他们发送推送通知。客户下载应用程序，登录确认身份，再允许应用程序发送推送消息。从本质上来说，这种沟通方式对客户而言比较复杂。只有与客户建立一定的亲密关系或者推送信息对客户有用时，才能实现这种沟通方式。企业的应用程序应该更加以客户为中心，包含更多的增值功能，而不仅仅是接收信息的功能。

与短信一样，应用程序在推送通知时，也要注意发送时间、推销内容和服务导向内容。

◎ **客户识别与客户许可的区别**

越接近客户的私人领域，就越有必要认真地考虑沟通内容和沟通时间。在网站上与客户进行沟通时，沟通内容的相关性不是特别强，也很少会招致客户投诉。但在移动设备上与客户沟通，如果相关性不强，他们就会失去耐心，无法忍受。给客户发送一些不相关的短信，客户许可和（或）客户关系就会消失。

开发潜在客户并征得客户许可

收集客户许可不一定是一门深奥的学问。从原则上来说,这是给客户的简单建议。关键在于,要让客户听到建议时觉得许可比拒绝更有利可图。

◎ 我到底许可什么

价值主张不需要特别复杂。实际上,简单的消息推送取得的效果通常最好。

诺德斯特龙百货公司的忠诚度计划被称为"诺迪俱乐部"(Nordy Club),诺德斯特龙百货公司超过50%的营业收入来自忠诚度计划。忠诚度计划的价值主张简单如下。

- 免费加入;
- 无论使用哪种支付方式,都可以获得积分;
- 购买金额决定会员等级;
- 达到会员新等级,就可以享受更多福利,比如优先参加时尚活动;
- 专享礼遇;
- 享受特权,如参加美容和时尚研讨会、路边提货、提前抢购品牌等更多福利;
- 每支付1美元获得1积分;
- 积分可以兑换票据。使用诺德斯特龙的应用程序可以更快进行兑换。

注意，诺德斯特龙百货公司除了让客户获取积分，以供日后兑换，并未承诺客户任何特定的折扣。很多公司高估了折扣的必要性，为了让客户加入会员，并获得营销许可，给他们提供大幅折扣。

诺德斯特龙百货公司自然也会询问客户，是否允许向他们发送沟通消息。它的应用程序也会提示用户，是否允许向他们发送推送通知。

我们看到，一些企业在客户注册会员时，将呈现给客户的营销许可划分为许多子内容。这个主意不太好，这样客户通常就不会许可所有的请求。但是，当客户退订时，这种方式就不错，客户可以选择取消特定的选项，这样就不用退订全部内容。

客户许可征求活动

你可以通过你已经使用过的沟通渠道向客户传递价值主张。

通过自有媒体征求客户许可

在自有媒体上发布内容几乎不用付费。因此，大量使用自有媒体是自然而然的事情。

◎ 门店网络

如果你有一个大型的门店网络，那么从一开始你就应该去激活它，让它成为销售人员工作的一部分，让他们询问客户的电子邮件地址，并让他们加入会员俱乐部。此外，企业还应该关注员工的业绩表现，并对优秀的员工给予奖励。执行力决定了门店网络取得的效果。如果它不能成为销售人员日常工作的一部分，而且企业没有衡量员工的业绩，那它就很难发挥作用。

通常情况下，销售人员要记得大量去询问客户，如此才能实现追加销售。例如："这一盒糖果只有1.5英镑，您要带走吗？"要使用零售门店收集客户许可，必须让整个企业认同：从长远来看，征得客户许可的价值远超现在销售一盒糖果的价值。

通过门店网络，企业通常可以在现有客户群里征得客户许可，因此你应该主要通过此渠道收集客户许可，与其建立沟通关系。门店网络在培养全新的客户关系上，实施效果有限。

◎ **企业网站**

在企业网站上也可以收集潜在客户和现有客户的营销许可。如果有很多新用户访问网站，很明显你应该去征得营销许可，但这不仅仅是为了让他们下订单或是消极地呼吁他们购买产品。越来越多的公司基于客户浏览网站的时间或页面数量等特定行为弹出或发出信息，征求他们的营销许可。

不同企业推送信息的强度可能不同。但是通常情况下，设置推送信息非常容易，因为许多企业通常是由市场部门控制网站。

◎ 电子邮件

很多人觉得，使用电子邮件收集营销许可存在矛盾点。

尽管如此，如果你想尽可能使用更多的渠道接触客户，同时通过短信或应用程序获得许可，电子邮件也是优秀的媒体渠道。

◎ 脸书

可以肯定的是，企业可以使用脸书收集营销许可，特别是与营销活动配合使用。脸书广告有针对营销许可的特殊功能，但是请记住，脸书是付费媒体，在平台上打广告要收费。

时尚零售商 Zalando 网站反应迅速，鼓励潜在客户在脸书上让企业识别自己（关注公司主页）。客户可以得到优惠甚至高额折扣作为回报。

◎ 手机

如果企业发现无法给特定客户发送电子邮件（比如电子邮件被退回），可以使用应用程序和短信通知客户。特别是使用短信，它在收集客户许可方面，是优秀的互补渠道。

2014 年 3 月，北欧连锁加油站挪威国家石油公司（Statoil）推出了忠诚度计划 Statoil Extra。有时加油站销售人员过于忙碌，顾不上收集客户所有的相关信息，但他们通常能设法获得客户的电话号码并将其输入系统。之后，客户会收到多达四条短信，提醒他们用电话号码注册 Statoil Extra。如此就可以使用手机及其他渠道，让会员同意营销许可。

◎ 客服中心——在客户致电时慎重征求许可

客户打电话到客服中心，很明显，这是向他们征求电子邮件营销许可和手机营销许可的机会。但是征求许可之前，请记得核查下当地法律。很遗憾的是，这在一些地区被视为违法行为。但是，出于非营销目的去询问客户的电子邮件地址仍可能是合法行为。事实上，《通用数据保护条例》规定企业有义务更新客户资料。

◎ 直接邮寄——以邮寄方式收集客户许可

存储客户实际地址的数据库仍然算是自有媒体，即使它不像电子邮件和推送通知那样具有成本效益。如果你有义务向客户寄送邮件，但没有取得营销许可，常用的方法是"夹带私货"，即在邮件里夹带征求许可的信息。

通过付费媒体征求客户许可

◎ 电视广告

企业经常使用付费媒体收集客户许可。电视广告通常专注传播公司的忠诚度计划，呼吁客户加入会员。虽然电视广告费用昂贵，但是使用该方式收集营销许可，可以作为以品牌为导向的营销活动之一。

电视广告能让客户对忠诚度计划感兴趣，并与公司产生双向互动。即使销售人员忘记询问客户加入会员的事项，客户也可能从电视广告中了解到忠诚度计划，并向公司询问。

◎ 关键字广告与横幅广告

线上的大众媒体广告通常会增加谷歌关键字搜索以及其他类似服务的流量。电视广告在推送公司忠诚度计划时，就会有人使用搜索引擎寻找相关的会员俱乐部信息。在相关搜索词上做广告具有优势，比如帮助电视机前的受众，使用 iPad 搜索信息等。同样，在谷歌、脸书等各种网络平台推广横幅（banner）广告，也可以很好地提高各渠道的媒体曝光度。

◎ 利用供应商的品牌征求客户许可

收集客户许可的其中一个好方法是与供应商合作。供应商有兴趣多加了解终端客户在整个购物过程中的行为。荷兰网络零售商贝塔斯曼在线（BOL.com）和乐高（LEGO）的合作就是实例。

乐高会区分客户与用户。客户是购买乐高产品的人，通常是成年人；用户是真正玩乐高积木的人，包括所有年龄段的儿童。乐高的营销策略是，不与用户进行直接沟通，不收集用户的营销许可或创建用户个人资料，而是与合作伙伴即经销商合作，让其与用户互动，然后收集用户的营销许可和数据。

乐高和贝塔斯曼在线共同建立专门的乐高平台，激励并更好地理解用户。两者组建的视频平台 speel.bol.com，针对不同年龄段的儿童，提供各种引人入胜的互动内容，如乐高电影、拆箱视频、买家秀等。

该平台的主要目的是收集不同接触点的相关数据。

1. 登录数据。该数据为公司提供人口统计信息，并让儿童分享自己创作的视频内容，以此赢得乐高产品。

2. 增加游戏化营销活动，以获得互动数据，比如让用户收集乐高贴纸，展示自己是乐高品牌的超级"粉丝"。

3.更通用的平台统计数据,比如流量与来源、视频浏览量、浏览网站的时间等。

这些数据为乐高和贝塔斯曼在线提供了更多相关的客户洞察,提高了乐高的市场效率和产品开发效率,同时也提高了贝塔斯曼在线的商店优化和转化率优化。

贝塔斯曼在线零售媒体管理主管贾斯汀·桑迪(Justin Sandee)表示,这些数据很有价值。他在与本书作者的访谈中透露,该平台在很短的时间内,收集了超过10000份1~11岁儿童的个人资料。似乎孩子们也觉得这个网站引人入胜,视频浏览量超过了150000次。30%的访问者会定期访问网站,网站的平均浏览时间为21分钟。超过2000名儿童花两个小时观看网站视频,并获得虚拟的乐高徽章。网站授予孩子忠实乐高"粉丝"的奖励,他们可以在社交媒体上与朋友分享该身份。到目前为止,拆箱视频最受欢迎,特别是在大孩子群体中。

关于如何调整乐高产品的促销方式,该网站提供了有趣的洞察。这是部分全渠道客户方法的典型案例,把消费者放在核心位置,视客户行为为改善市场营销的基础,使乐高、贝塔斯曼在线与客户更具相关性。

通过直接邮寄和无地址邮寄征求新客户许可

传统的直接邮寄是优秀的媒体渠道,可以使用它从现有客户处获得数字营销许可。同样,直接邮寄或无地址邮寄也可以用来收集新客户的营销许可。今天,在实体邮箱里发现一封非账单信件，会感觉非常自在。正如前文所说，美国直销协会认为直邮件的打开率极高，也许正是因为人们不经常收到实体邮件了。

但是，世界人口那么多，邮费又那么贵，信件或者无地址邮件又该寄给谁呢？幸运的是，我们可以通过益博睿（Experian）或当地供应商等企业，根据不同标准购买商业地址和客户实体地址，所以不用给每个人都发送昂贵的直邮件。

为什么媒体机构不建议我们进行营销许可

不要忘记，大多数媒体机构的生财之道在于有人去购买媒体广告，因此它们不鼓励客户放弃付费媒体，转向自有媒体。广告公司也是如此。它们为何要主动自断财路？除非你坚持使用大众媒体广告征求客户许可，否则这些媒体机构不会帮忙。

客户识别与客户许可成熟度

成熟的企业如何进行客户识别，收集营销许可？获得大量的短信许可绝对对企业有利，但如果是获得大量的电子邮件许可呢？这是否"降低优势"了？受众通过不同渠道（网站、电子邮件、短信、应用程序通知）与公司进行沟通的期望，存在明显不同。健康的沟通和服务包括有效协调各渠道的信息。

你应该根据各渠道的特点选择最适合的信息类型。通常情况下，公司会使用电子邮件发送新闻简报。如果公司突然使用短信去发送新闻简报，可以预测到营销效果会非常差。但是如果发送的信息内容简短，能为客户提供个性化服务，效果就会很好。比如短信，它的打开率很高，而且它的提示音或者振动，能让客户与短信产生实体互动。电子邮件也能发送这些信息，但效果就不太好。

识别客户与收集客户许可的方式必须与现有的沟通方向一致。如果你不考虑使用短信沟通，那就没有必要投入大量资金去收集客户的短信许可。你都没有举办宴会，为何要邀请别人来参加？但有一件事是绝对肯定的：识别客户与收集客户许可是全渠道模式的关键。下文我们总结了在识别客户与收集客户许可方面存在不同的成熟度类型（见图1.2）。

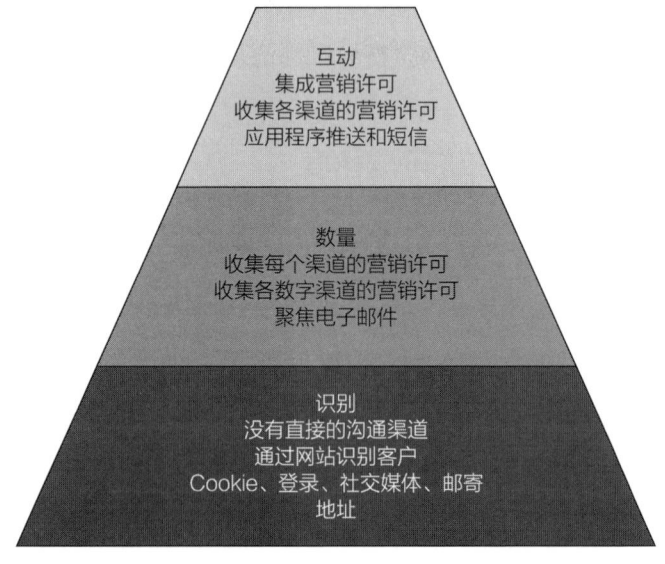

互动
集成营销许可
收集各渠道的营销许可
应用程序推送和短信

数量
收集每个渠道的营销许可
收集各数字渠道的营销许可
聚焦电子邮件

识别
没有直接的沟通渠道
通过网站识别客户
Cookie、登录、社交媒体、邮寄
地址

图1.2 **客户识别与客户许可成熟度**

第一章
客户识别与客户许可

高成熟度

在客户识别与客户许可方面成熟度高的公司，能系统地维持庞大的客户群，使其具有互动性，并获得相应的营销许可。它们收集多种类型的客户许可，包括电子邮件、短信和推送消息。这类公司从各个渠道收集并整合客户许可，使用尽可能多的开放渠道与每一个客户进行沟通，并通过实体渠道和数字渠道自动识别客户。

中等成熟度

中等成熟度的公司将重点放在建立客户群并取得相应的营销许可上。这类公司通过各个数字渠道收集客户许可，但将许可信息存储在特别渠道或者数据孤岛中。

例如，如果企业收集客户的电话号码，电话号码不一定关联客户的姓名、电子邮件地址或邮政地址等信息。这些公司特别关注取得电子邮件许可，以及让客户加入会员俱乐部。它们通过网站、电子邮件和商店的销售点识别客户。

低成熟度

成熟度低的公司能在各个渠道识别客户。大多数情况下，它们通过网站、公司脸书页面的交叉发布、收集电子邮件地址等方式识别客户。这些公司网站使用 Cookie 简单识别客户，在某些情况下还要求客户登录，并在交易中取得客户的实体地址。

第二章
数据收集

CHAPTER 2

第二章
数据收集

数据是公司对每个客户的记忆,也是使沟通和服务更具相关性的先决条件。公司必须系统地收集并整合客户数据,以掌握每一个客户的全面信息(见图2.1)。

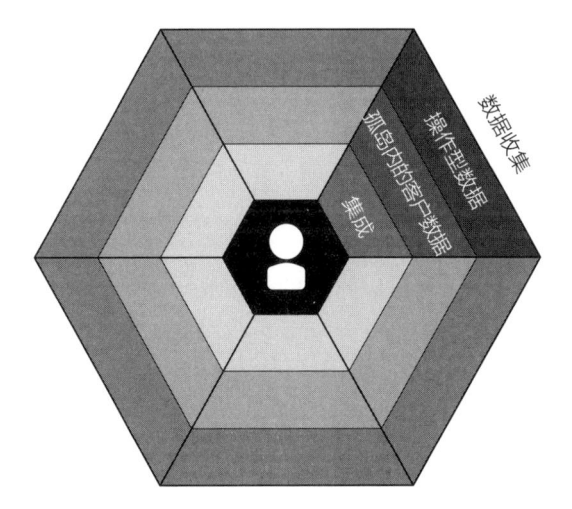

图2.1 数据收集成熟度

迈克尔的女朋友来例假,但她的卫生棉条快用完了,就让迈克尔去商店买一些。这似乎为迈克尔参观新开的 Amazon Go 无人商店提供了绝佳机会。Amazon Go 是一家数字化的实体商店,没有配备任何收银员。

迈克尔来到商店,发现商店门口就像伦敦地铁的入口。他必须安装 Amazon Go 的应用程序,登陆亚马逊账户,并扫描应用程序的条形码才能进入商店。他从货架上拿起卫生棉条放进背包,这几乎有犯罪的感觉。他环顾四周,发现天花板上装满了摄像头。摄像头记录了他进入商店的整个过程,包括扫描应用程序,把特定的商品放入背包里,在账单上添加对应的产品。他又拿了几个商品放入背包里,然后离开了商店。

他抱着怀疑的态度,拿出手机,打开 Amazon Go 应用程序。他惊讶地发现,所有购买的商品都出现账单上,而且从账户里扣除了相应的费用。他知道亚马逊从他的网络行为和购买历史中,收集了很多他的个人数据。亚马逊肯定能从电子阅读器 Kindle 中知晓他的阅读模式,还利用人工智能助手 Alexa 以及现在的 Amazon Go 收集数据。想到这里,他不知道自己是感到惊讶还是惊吓,但可以肯定的是,亚马逊绝对让购物变得简单了。

公司对客户的记忆

如果你希望与客户的沟通具有相关性,你就需要收集数据。数据是企业对客户的记忆。

如果企业认真对待全渠道模式,即使客户在与企业的交流中转换渠道,也能获得流畅的体验。客户一定会觉得,在一个渠道上提交信息后,就无须在另一渠道重复提交,且各渠道的沟通都具有相关性。因此,跨渠道数据集成必不可少。与没有数据集成的企业交流,就像与接受过裂脑手术、左右脑无法沟通的患者交谈。

在进行数据集成时,你必须把所有个人客户各渠道的数据都联系起来。你的企业是否或多或少做到这一点了,这取决于

第二章
数据收集

行业特性。速度很快成为数据集成的重要参数。

如果有线电视公司手头有客户的最新信息,那客户打电话给客服中心时,双方都会受益。比如,公司知道客户刚刚浏览了公司网站,查看了退订的相关信息,并在脸书上发表了有关公司的负面评论,客服就会明白,与客户说话时要格外有礼貌,并且可能还需要给客户提供一些额外服务。在这种情况下,公司及时获取客户的信息就很重要了,因为第二天客户可能就会退订,那这些信息就没有价值了。

公司可能会收集并集成许多不同类型的数据。客户会有意识上传一些数据,但其他数据需要公司在与客户互动时,使用更隐秘的方式来收集,特别是从数字渠道上获取。这种收集方式会影响公司日后与客户交流时使用这些数据的公开程度。公司不希望客户觉得自己受到监视,而希望让他们觉得细心的公司在帮助他们、引导他们,在小心地捕捉他们发出的信号和线索。

本章将讨论以下问题。

什么是客户数据?

为什么要收集客户数据?

如何对数据进行分类?

收集数据最简单的方法。

如何收集并集成数据?

收集数据时应该考虑的法律问题。

最后,总结收集数据的不同成熟度。

什么是客户数据

在全渠道营销领域，只有与特定客户相联系时，数据才具有吸引力。基于此，匿名的客户满意度调查和问卷调查并不重要。公司可能会利用这些数据，开发并调整企业整体的服务水平和沟通水平，以及支持开发普通项目或产品。但是，在为客户适时定制个性化信息方面，这些数据毫无价值。

收集客户数据的来源有很多，如通过移动设备、客户档案、问卷调查、购买历史、全球定位系统等方式。对于客户而言，有些数据源并不明显。比如，公司会收集客户在网站和新闻简报上的点击信息、页面浏览信息，以及其他数字行为数据。

从安德玛（Under Armour）追踪用户的慢跑路线，到谷歌 Nest 恒温器测量家里的温度，用电子设备测量各种事物变得越来越普遍，每个客户的数据量都在急剧增加。还有更多设备针对特定用户或活动收集数据，例如，百宝力（Babolat）网球拍可以评估发球力度或击球时上旋球的比例。

想象一下，你能查看公司每个客户的所有信息。在数据如此丰富的今天，查看客户的所有信息，并不是简单地浏览一下包含客户基本数据的索引卡。客户信息包含所有的原始数据，比如公司与客户的每一次互动和对话、客户的交易信息或公司获取的问卷调查内容，它与客户关系管理系统中经典的客户记录存在很大不同。

第二章
数据收集

随着时间的推移，公司会收集到包含每一位客户数据的庞大的数据量集，而且数据性质各不相同，类别丰富多样，这会导致数据可能呈现出高度复杂性。原则上，公司应该保存所有收集到的客户数据，因为未来分析可能用得到。但这带来的直接后果是，客户的"个人档案"混乱，很难看懂。请记住，虽然企业有雄心壮志去收集并存储客户的所有数据，但该行为与《通用数据保护条例》的规定存在潜在冲突。该条例规定，如果企业不能记录使用数据的方式，并征得客户同意，就不能存储数据。

结构化数据与非结构化数据

有时数据可以分为"结构化数据"和"非结构化数据"。结构化数据组织良好，通常存储在数据库和电子表格中。结构化数据（比如购买记录）包含固定字段和已知字段，每个字段的内容通常相同（比如付款金额或日期）。非结构化数据不是这种简单重复的信息，比如，自由文本、语音录音或其他声音的录音、图像、视频剪辑等就是非结构化数据。有些预测显示，企业的非结构化数据占比 80% 或更高。但从本质来讲，非结构化数据比结构化数据更难分析。Amazon Go 摄像头捕捉到客户在商店里的图像，就是使用非结构化数据的实例。你可以想象到，企业要在幕后对这些视频图像进行大量处理，才能理解并解释摄像头拍到的客户信息。

确定性数据与概率型数据

数据还可以分为"确定性数据"与"概率性数据",这两者的区别也很重要。当特定的数据(比如交易记录)与数据库中特定的客户相关时,该数据就称为"确定性数据"。但是企业无法确定一些数据的主体,例如,Cookie可以收集客户使用笔记本电脑访问网站的数据,但很可能不是客户本人(而是客户的孩子或配偶)在使用设备,所以你无法完全确定数据的主体,只能大概猜测这些数据与谁有关,因此就出现了"概率性"这个术语。本章后文讲到利用第三方数据源丰富数据以及预测客户特征或未来行为时,会说到概率性数据。

为什么要收集数据

暂且不谈人工智能及其惊人的洞察(从各种数据源收集到大量信息,并经分析后得到的洞察),在公司与客户一对一的关系中,数据有什么价值?

数据只有被使用,才能创造价值。公司收集到的丰富数据,并不需要经过大量处理,就能直接使用并创造价值。以上文为例:如果你访问有线电视公司的网站,了解如何退订,普通人一看便知,你不是数据库中最满意的客户。反之亦然,如果你在亚马逊网站上浏览贝奥利特(Beolit)音箱的所有型号,公司是否有必要跟进你的情况?当然有必要。

自有媒体是收集数据的完美渠道

公司通常通过自有媒体收集数据，因此收集数据往往比收集许可更便宜。数据收集应该成为公司与客户进行交流和互动的基础。更多信息请参阅本章末尾的成熟度部分。

客户许可要数量，客户数据要质量

获得庞大的客户许可，其价值在于，公司无须进行广告宣传，就可主动接触到客户群。相比较而言，额外的客户数据会带来价值，使公司能对客户发送个性化消息，提高客户的回应率，并最终增加收益。但是，利用数据对客户进行个性化交流，并非零成本；公司必须制作并推出动态内容和自动化交流信息。只有客户许可达到一定规模时，数据收集才更有利可图。

数据是包装的客户服务——量化生活

企业在与客户交流时，数据是细分沟通并提高个性化服务的参数。此外，数据还有其他价值。公司已经围绕客户数据建立完整的服务。许多客户对数据感兴趣，因此企业会收集并合并数据，然后将数据呈现给客户。

这是"量化生活"这一趋势的实例，客户越来越热衷监测和量化日常行为，更好地控制自己生活的方方面面，如日常锻炼、身材和体重等。为了达到目标，他们监测睡眠、体力活动和卡路里摄入量。这一类公司销售传感器（称为"可穿戴计算"）或软件，然后反馈给客户图表、统计信息、评价标准等数据。这些公司包括佳明（Garmin）、颂拓（Suunto）、乐活（Fitbit）和安德玛。

客户数据贴近客户的程度吗

与客户许可一样，客户数据可以描述与客户的贴近程度（见图2.2）。这些数据可以分为以下三类。

- 客户提交的数据；
- 客户所做之事的数据——行为数据；
- 客户所思所感的数据——情感数据。

下图总结了三种数据与客户的贴近程度。

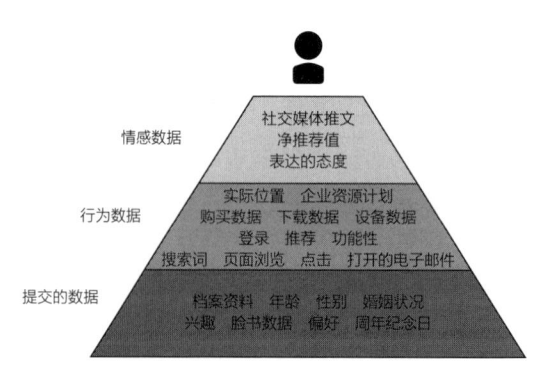

情感数据：社交媒体推文　净推荐值　表达的态度

行为数据：实际位置　企业资源计划　购买数据　下载数据　设备数据　登录　推荐　功能性　搜索词　页面浏览　点击　打开的电子邮件

提交的数据：档案资料　年龄　性别　婚姻状况　兴趣　脸书数据　偏好　周年纪念日

图2.2　三种数据与客户的贴近程度

提交的数据

提交的数据是指客户通过网站表格、问卷调查、电话询问或者其他方式提供或输入的数据。客户在授予营销许可、注册会员俱乐部，或者简单填写客户档案与公司建立关系时，会提供姓名、地址、偏好、兴趣和性别等可收集的数据。

领英（LinkedIn）肯定是最擅长让用户提交个人信息的企业。本书后文会深入探讨领英如何让客户透露更多的个人信息。

但是客户提交的数据存在缺陷：信息往往与实际不符。例如，客户填写的送花频率与实际次数可能有很大差距。此外，客户填写数据时，说自己饮食健康，但是当他们在商店里，饥肠辘辘地带着不耐烦的孩子，手上拿着一张信用卡时，又频频陷入不健康的饮食习惯。

再者，提交的数据经常会出现错误或者前后信息不太一致的情况。无论是员工将客户信息直接输入进客户关系管理系统，还是客户自己填写信息，都存在这种情况，比如，"营销经理"这一头衔，就有很多种表达。在这种情况下，这些信息很难用于数据集成。因此，你需要开发各种工具，去规范并清理数据。有关本主题进一步的信息，请参阅第三章"预测客户未告知的信息"一节。

行为数据

通常，真实的行为更能表达我们的意图。你想要预测客户处于生命周期哪一个阶段时，这些数据也同样适用。因此，探讨企业可追踪的客户行为，这是有价值的事。

◎ **交易、电子邮件和点击**

收集客户行为信息的来源有很多。行为信息通常可以反映客户的购买或交易过程。电子邮件渠道也可以收集该数据。大多数电子邮件服务提供商可以收集到收件人打开或点击邮件的数据。实体零售商的典型做法是，回馈客户一些小恩小惠，让客户主动提供身份信息，从而知道哪些特定客户在线下达成过哪些交易，并将两者对应起来。在此背景下，就出现了我们今天熟知的会员俱乐部。正如我们在 Amazon Go 以及许多商店看到的那样，客户考虑到便利性，就会在实体店主动提供身份信息。

◎ **广告数据**

特定用户对谷歌关键词的广告作出的反应，或者点击了哪些横幅广告，这些数据通常会作为参数发送到目标网站。众所周知，在传统的转化率优化中，公司与用户后续的沟通内容应该与最先诱使用户点击广告的信息相一致。从纯实用的角度来看，这意味着广告信息和发送给客户的折扣内容经常存在重复，因此客户不会怀疑公司发送的优惠消息是否仍然有效。但是，客户一旦关闭浏览器，他们总是会忘记这些信息。客户点击广告的数据很有价值，你应该收集这些数据以备日后使用。

◎ **客户在网站的行为数据**

近年来，客户在购物车添加商品后，电商企业就会给他们发送电子邮件。这主意不错，客户经常会打开多个浏览器窗口，每个窗口对应一个网店，分别在购物车里添加相同商品，对比添加运费、税费后各网店的价格差异。如果客户没有下单，商店可以发送提醒并保存客户购物车的商品信息。

即使客户没有登录网站，公司还是有很多方法与客户建立联系的。如果客户点击了电子邮件链接，公司就可以用Cookie识别客户，并且在很大程度上认定，未来该设备的行为数据都属于这位特定客户。

公司还可以收集客户透露的数据：多个追踪系统会保存客户正在使用的IP地址，以及他们可能的位置信息。一些应用程序能将IP地址链接到企业数据库，并确定它们是哪家公司，这种方式在B2B销售中非常有用。

行为数据让我们知道（潜在）客户的线路信息。

但是很多时候，公司并不是在网站上收集数据。请记住，谷歌分析并不为公司提供个人数据；它只显示合并统计后的数据。这种数据可能对分析很有帮助，但与客户进行一对一沟通时，它无法触发内容或为客户提供个性化服务。使用页面标记、数据包嗅探和日志分析等其他工具和技术，可以捕捉单个访问者详细的"点击流"数据。这些数据很复杂，而且数据量庞大，但是可以利用技术提取可操作的有用洞察。关于序列检测的描述，详见第三章。

◎ **客服中心及在线聊天数据**

大型公司通常设有客服中心，客户可以打电话进行咨询。

这些交谈数据记录在某种形式的客户关系管理系统中,可能包括谈话内容、谈话结果等具体信息。如果公司建立客户电话菜单列表,就可以对客户来电进行自动分类。在多数情况下,来电可能与电话号码(通过来电显示)相联系,从而追踪到客户的个人档案,不然客服人员理应索要并记录客户信息。

客户致电的目的在于获得服务,并希望立刻得到答案。但是,从稍长远的角度来看,收集来电数据并将其整合到公司的数据模型中,此举很有价值。哪些客户致电?为何致电?客户多久致电一次?致电后,他们是更加满意还是更不满意了?在某些情况下,来电数据会被记录为音频文件,成为公司非结构化数据的一部分。

在线聊天数据也同样很有价值,例如,在线聊天数据与来电数据一样,都不是结构化数据(比如购物数据)。在线聊天数据以文本形式存在,因此通过集成数据,并使用恰当的技术,就可查找信息的联系和相关性。

◎ 来自设备的数据

正如前文所说,在线设备呈迅猛式增长,这意味着随时都有更多潜在数据源出现。以特斯拉汽车(Tesla)为例,它生产的每一辆汽车,实际上都是一台带轮子的计算机。每辆车都在收集客户的速度、位置、方向和环境等详细信息。这些数据对于评估特斯拉汽车的自动驾驶能力很有必要。同时,这些数据也包含很多车主的信息:车主住在哪里?在哪里工作?去过哪个商店?

情感数据

行为数据以及客户表达的兴趣信息可能具有误导性。我们想真正了解客户的所思所感,如果能评估客户情感就好了!即使是公司最忠实的客户,也不允许你在他们脖子上植入芯片。那你有什么操作方式?

◎ 问卷调查

你可以问问客户的想法,这种方式越来越常见,尤其是在电信公司。正如本书将在第五章提到,跨国电信公司挪威电信(Telenor)的客服中心,在与客户互动完后会询问客户,在多大程度上愿意向朋友或同事推荐本公司。如果客户推荐意愿高,公司会再次联系客户,指导他们如何进行推荐;如果客户推荐意愿低,公司会就客户消极评价方面努力改进不足。

◎ 情感分析

情感分析是指通过文本或口头确定说话者对某话题表现出的积极、消极,甚至失望或兴奋等情感。实际上,公司可以通过客户回复的电子邮件、客户的脸书信息、推特和脸书上公开的帖子以及问卷调查的回答进行情感分析。

不过请记住,情感分析很难发现客户的反讽信息,导致公司解读客户强烈的反讽内容时,只能流于表面。简单地用情感关键词或情感术语进行匹配处理也不靠谱。例如,对电信公司而言,客户提到通话掉线,可能是在抱怨,但是如果他们说:"自从我放弃某电信公司,转而选择你们公司以来,通话掉线的次数减少了。"这就传达出了积极情感。情感分析应该包括大量的数据分析，具体详见第三章。

◎ **未来的数据收集**

在未来，仅仅依靠客户对问卷调查的回答，或者在社交媒体的发言来分析数据还不够。举一个符合日常的比喻：如果我们对客户的数字身体语言感兴趣，那么对其解码得越好，理解得就越深刻。

除了文本分析，已经存在有效方法，可以理解客户语言背后隐藏的情感。多年来，保险公司一直对客户的谈话录音进行语音压力分析旨在发现潜在的欺诈索赔。同样，该技术可以标记谈话录音，发现客户隐藏的情感，比如客户非常耐心、礼貌地告诉客服中心，公司的产品一直很失败，但根据语音压力分析显示，该客户实际上已经怒火中烧了，因此他有可能不再购买公司的产品。

将来肯定会有更好的技术手段去衡量客户的想法。现在的人们逐渐使用可穿戴式智能产品。这类产品能取得多大的进展，值得观察。如果人们都穿戴着传感器，被"物联网"包围其中，原则上，我们就能评估他们看到了什么，并评估脉搏跳动产生的影响。如此一来，我们就能清楚地猜测到，他们对什么东西感兴趣，对什么东西无感，这样的技术前景既令人振奋又令人恐惧。

积累第三方数据

除了收集客户数据,你还应该考虑第三方数据的巨大价值。例如,邓白氏公司(Dun & Bradstreet)等商业数据平台可以提供收入、营业额、员工数量等商业信息,积累丰富你的数据库。同样,益博睿等同类公司可以提供每个家庭地址的统计信息。虽然无法保证第三方数据的准确性,但是它能让你了解每个客户可能存在的特性。它是一种概率性数据,至少能让你了解如何集成客户数据库,以及营销时要考虑哪些细分市场等问题。在公司缺乏个人客户信息时,第三方数据可以帮助你谨慎地做出"最佳推测"。

其他网站的行业潜在客户数据

如果你的网站流量很小,你想利用人们经常浏览互联网的方式来获取数据,你该怎么做?如果你知道有一些足球迷客户开始浏览一些网站,并据此推测出他们即将有孩子出生,你该怎么办?你会想办法收集客户在网站的数据,然后给他们发送邮件,推荐婴儿用品吗?理论上,你可以通过数据管理平台,将客户在第三方网站的行为概率数据,集成到你的自媒体生态系统中。我们还未有幸看到有任何明显的迹象表明已有公司采取这种手段了,但希望这能早日实现。

收集客户数据

前文对收集到的各种数据类型进行了详细的介绍，包括客户提交的数据、行为数据，以及表现客户所思所感的数据。在实际中，你要如何收集这些数据？如果你已经收集到这些数据，又如何最好地使用它们？在全渠道模式的世界里，你最好能够跨渠道实时获得数据。

收集大量数据的业绩证明

如何衡量一家公司收集了多少客户数据？最佳的衡量指标是收集了多少账单、会计等基本业务流程所必需的数据。这意味着公司收集数据的历史方式存在很大不同。电信公司和银行拥有异常庞大以及详细的数据集，前者有电话、短信、数据流量等信息；后者有每个账户的资料、每笔交易、外汇变动、货币变动、股票变动等信息。接下来是通过客户订阅提供服务的公司。这些公司有合理的原因收集数据，因此在分析数据时具有先发优势，特别是它们提供的服务在本质上与客户具有高互动性。

多年收集数据的缺点

通常，数据收集后就存储在组织周围的各种数据孤岛中，它们经常被存放在较旧的平台上，这使许多公司很难在技术上实现数据访问和系统间的数据集成。在这样的组织中，系统很可能在周末就"关闭"了，而且原先的系统开发师很可能退休了，这会使公司很难建立任何形式的全渠道活动。拥有大量遗留数据和系统的公司，在决定执行全渠道模式时，往往需要对此进行大额投资。

收集客户提交的数据

领英是一家专业的社交网络公司，拥有超过5亿名客户的资料。在促使客户提交个人资料方面，领英无疑是最优秀的公司。领英的客户资料通常很详细，涵盖客户的技能、前单位信息、现单位信息、简历等数据。此外，用户还可以创建推文和博客。

领英能成功让所有用户手动填写个人信息，主要有以下三点原因。

创建提交数据的动机

人工撰写包含推荐信息和其他特色的简历，并使排版精美，这个操作过程很烦琐。领英的优势在于，能整合所有信息，使潜在猎头能随时获得这些用户资料。领英强调要让用户知道近期有多少人（以及谁）浏览了他们的个人资料。领英吸引用户展示个人资料，或者引发用户展示个人信息的意识，以此作为更新简历的动机。

使提交数据变容易

即使客户有提交信息的动机,但若在提交过程中稍感不便,就可能放弃操作。因此,领英投入大量精力优化界面,并对表单进行微调,以便用户使用。

领英并不需要一次性收集客户的所有信息,系统可以不断累计数据。领英的理念是,在每一份新闻简报中设置一个简单问题,收件人只需简单点击一下就能回答。这种方法就非常有效。

使用游戏技术,激励用户提交更多数据

你可能在领英平台看到过,显示个人信息完整度的百分比。"个人资料完整度"是从游戏化中借鉴而来的技巧,它是基于人类想要完成事情的倾向。网站显示,你的个人资料完整度只有80%,接着明确表示完成某项任务后,个人资料完整度就能达到85%,领英会利用客户的本能去完成数据填写工作。

收集提交数据的要点

下文包含收集客户提交的数据时,需要考虑的关键点。领英使用下文所有的方法,除了最后一点:"激励的使用。"但是该方法很流行,大多数忠诚度计划都是让客户赚取积分,提高他们的互动参与度。

- 让用户很方便填写数据；
- 提供详细的帮助页面，供用户参考；
- 不要一次性索要所有数据，而是让用户持续性提交；
- 请求允许联系客户的社交媒体信息；
- 使用游戏化策略，吸引用户提交更多信息；
- 持续向客户展示个人资料，以便了解个人信息的任何变动；
- 考虑采用积分、礼品、参加竞赛等形式的奖励措施。

收集行为数据

尽管亚马逊在线下的影响力仍然有限，从实体渠道上获取的数据也很有限，但 Amazon Go 已经为如何在店内收集数据设立了标杆。

所以，接下来让我们探讨一下亚马逊。亚马逊如何收集客户的行为数据？这位传统零售商的领跑者在做什么？

无须登入即可收集用户网站数据

假如用户浏览公司网站时，并未登录账号，但你获得了用户的电子邮件许可，此时你便有一个收集数据的办法：用户通过你发送的电子邮件首次访问网站时，你可以设置 Cookie。这种方式可以非常准确地收集用户的行为数据。但是请记住，这种数据仍然是概率性数据。

激励登录

用户登录亚马逊网站后,公司可以更加确定用户的身份。因此,用户第一次打开网站页面时,会看到登录框。登录框的第二个建议是让客户创建个人档案。

用户在新设备上登录亚马逊账号,可以让该公司更加确定用户正在浏览网页,此外还能让公司全面了解用户在不同设备上的行为。如果用户突然用手机登录亚马逊,它们就会整合用户手机和网页的行为数据记录。

许多公司在开发潜在客户时也使用过类似策略,如提供电子书,让客户免费下载,以此吸引客户提交个人详细信息,然后将客户在该设备的全部行为历史与个人相联系。

保持登录状态

亚马逊会记录用户的登录信息,网站也会保存用户的支付信息,所以用户购物很方便。即使你今天还没准备购物,亚马逊也会收集并保存你的访问数据,以备你下次购物时使用。

不用每次都要求客户登录,这一点很容易做到。如果你想进一步保护用户的隐私,可以设置多个安全区。例如,客户想要登录网站购物时,保留他们的账号,要求输入密码即可。但是不要因为信息技术部门提倡要提高安全性,就放弃用户具有价值的点击数据。

创建用户喜欢的服务，从中获取数据

你可能不知道，亚马逊拥有互联网电影数据库（IMDb），涵盖世界各国丰富的影片信息。该网站是所有电影爱好者关注的焦点，用户会在平台上回答所有典型的电影问题。例如，"这个演员还参演过哪一种电影"或者"你觉得这部电影怎么样"。

用户访问该平台的数据会共享给亚马逊，如果你在浏览该电影社区后，收到亚马逊的邀请，不要惊讶。该网站只是关于服务的例子。这些服务本身就为客户创造价值，并用来获取客户的相关信息。

还有耐克的 Nike + 服务。Nike + 起初是一个跑步社区，现在发展成应用程序，为客户提供训练计划和虚拟教练服务。客户可以通过该应用程序，与耐克进行更多互动，这使品牌与客户建立了更紧密的联系。此外，耐克在产品开发和市场营销时都使用数据，详情请参阅耐克的隐私政策。

来自商店的行为数据

在编写本书时，Amazon Go 无人商店的数量并不多。即使这种商店越来越普遍，但你考虑使用店内类似的工具时，可能会发现并没有足够的预算，让你在店内安置摄像头和人工智能设备。所以，让我们看看收集店内数据的其他方法。

◎ 从忠诚度计划中获取数据

使用忠诚度计划是收集客户购买数据最常见的方法。最著名的例子就是英国超市巨头乐购（Tesco）。它在1995年推出了会员卡，至今已获取超过1300万英国忠实会员的数据。每个季度，客户可以通过会员积分兑换优惠券，在乐购商店或合作商处购买商品，享受1%的购物折扣。

乐购会员卡的主要价值并不在于以1%的折扣优惠，吸引客户更频繁地光顾商店。其真正的价值在于，乐购会在客户购买产品时收集数据。这些数据经过分析后，就能提供有价值的信息，用于公司的业务发展。

◎ **使用客户的电话收集数据**

维特罗斯发展了在店内收集客户数据的方式。和许多零售商一样，维特罗斯逐渐意识到，人们的钱包里很快放不下更多会员卡了，于是该公司用应用程序替代实体会员卡。

客户可以自行扫描一件件商品，然后放进购物车（甚至直接装进袋子里），在没有收银员的情况下，结账并付款，无须经历排队等待、向前移动、扫描商品、装袋等一系列完整的结账流程。

结合应用程序和信标技术，公司还可以收集商店附近的数据，甚至是百货公司内部的精确定位信息。如果忘记了该内容，可以查阅第一章，以了解更多相关信息。

◎ **可移动的销售点系统**

店员应该纳入数据收集策略的组成部分。员工会与客户在销售点互动，这是收集数据的好机会，特别是针对客户在做出购买决定前，需要再三思考的产品。在此情况下，店员可以与客户商讨后，让其做出决定，并将商品与客户的个人资料联系起来。客户也可以安静地在家做出最终决定，或许还可以咨询配偶或朋友。

宜家（IKEA）就是典型的例子。店员帮助客户在宜家的厨房程序上搭建理想厨房，设计图会保存在客户的个人资料里，后续客户就能将搭配布置转化为购物清单。斯堪的纳维亚家具公司波利亚（Bolia）也在店内采取同样的技术，客户可以将沙发的搭配信息保存到数字购物车中，公司稍后会提醒客户。当然，客户经过这些活动后，常常就会下单购物，活动转化率相当惊人。

客户自助服务逐渐成为发展趋势，而员工的作用是指导并给客户提供建议。例如，在博柏利（Burberry）商店里，销售人员会邀请客户在 iPad 上登录账号，识别身份，然后根据客户之前的购买行为（包括店内购买和在线购买），与客户讨论并给他们提供建议。客户舒舒服服地坐在沙发上，享受着店员提供的建议和服务。如果客户同意购买，交易就可在沙发上达成。博柏利装饰店面，让客户有宾至如归的感觉，如同在家里拿着笔记本电脑在购物，但是又能获得专业的服务和建议，还能在购买前试穿。

将数据收集嵌入产品中

将数据收集嵌入产品中，这样的例子数不胜数。当然，网飞（Netflix）、声破天（Spotify）、Storytel 等数字产品就是这样。对于使用数字产品和服务的客户，企业收集他们的数据完全是正常且必要的步骤。但是，企业也会用一些实体产品收集数据，比如亚马逊、Kindle阅读器，百宝力（Babolat）网球拍，特斯拉汽车，甚至维斯塔斯（Vestas）风力发电机。这些公司从客户与其产品的互动中获得重要的洞察和知识，它们既可以整体使用这些信息，也可针对客户个人使用。组织内部需要非常成熟，它们不仅要将这些数据构建到产品中，还要将这些数据用于市场营销，并达到沟通目的。

安德玛旗下的Connected Fitness产品系列，也值得一提。安德玛原本是传统的服装品牌，由经销商负责销售，全权决定其产品的展示及陈列位置，但该公司随后开发并推出了数字产品，获得了与终端客户直接接触的机会，并从这些客户中收集数据，帮助其培养真正的品牌爱好者。大型客户群或用户社区成为安德玛收入的来源之一，公司在用户社区举办挑战赛事时，可以让合作伙伴提供赞助。

其他方的行为数据

大多数品牌互动发生在经销商或合作伙伴的生态系统中，快速消费品公司可能会发现直接收集客户数据是一个困难而缓慢的过程。与其加倍投入，倒不如直接与经销商和合作伙伴交换数据，这可能是不错的策略。这正是迪士尼与美国电影院和零售商合作的方式。迪士尼通过合作，建立客户档案，收集客户数据，比如哪个客户看过哪部电影或者购买过哪个玩具。它使迪士尼能够更快速地收集足够多的客户数据，并利用这些数据获利。

捕捉客户的情感数据

擅长系统地收集客户想法和感受数据的公司很少。上文提到了公司如何利用情感分析去衡量,以及联系客服中心、使用聊天工具和社交媒体的客户对公司有何想法和感受。

除了安德玛、乐活、苹果和其他可穿戴技术供应商,我们发现大多数国际公司都存在一个缺点:只衡量那些积极与品牌进行对话或者互动的客户。这意味着大多数公司只能通过与客户互动或直接询问客户感受来获取数据。

整合与存储

公司收集的所有客户的诱人数据,如果不经使用,就不会产生多大价值。正如第四章会详细介绍的,在与客户一对一的交流中直接使用数据,可以创造亲密的体验,并加强沟通的相关性。如果数据源与沟通渠道不同,则需要对数据进行集成。公司可以跨渠道获取信息吗?在实际中,公司跨渠道获取信息的速度有多快?集成与时机非常重要。

数据孤岛

今天,大多数公司都使用多种渠道和媒体。例如,公司可能会开设连锁店、开发网站和应用程序、建立带有电子邮件通信和脸书账户的客户俱乐部;公司也可能通过电话和聊天提供服务。这些方式既是沟通渠道，也是数据源。大多数时候，在特定渠道收集的数据可以在同渠道给客户提供个性化信息。但是，如果没有跨渠道集成数据，就会产生我们所说的数据孤岛。

信息技术及财务孤岛

在一家典型的大公司里，每个部门通常都有自己的渠道。财务部门负责处理销售数据，否则就无法进行财务结算。信息技术部门通常负责数据访问和数据处理，数据工作是该部门的重要业务。因此，该部门严格控制并监控数据的备份、访问、安全等问题。但是，它们无法确定这些数据是否与个人客户有任何联系，因为财务部门在清算账目时，通常没有必要考虑这个问题。

信息技术部门通常需要做大量工作，以确保企业资源规划系统正常运行。该部门经常为企业资源规划系统设置实体服务器。在某些情况下，多个子公司会共享信息技术部门的功能。如果公司经历过重组合并，或者公司有不同类型的商店（如特许经营和自营商店），通常不止一个企业资源规划系统，而是有好几个。

替换或合并企业资源规划系统可能需要几年时间，而且往往需要付出高昂的成本。将集成数据用于电子商务或市场营销并不是最重要的事。第一要务是销售和记账，其他都是次要的。

市场营销及其所有系统

传统上，市场营销没有太多数据。但是在过去的十年，情况发生了很大变化。直到最近，公司网站还普遍由信息技术部门负责，但是现在十有八九是由市场部门负责这项工作。信息技术部门很可能仍然在主管网站，但是营销部门会越来越多地参与网站的建设与开发。营销部门还经常负责向客户发送新闻简报，在公司的脸书页面上与客户进行交流，或许还负责开发应用程序。

市场营销部门承受着来自客户的巨大压力，以及公司的内部期望。公司应该建立多少个平台？在哪个平台上营销？通常情况下，无论是简单的新闻简报还是最新的社交网络，让公司出现在新渠道上并不困难。许多公司在建设完基本渠道后，才会想到数据集成问题，但往往为时已晚，这些公司开发的应用程序支出成本很低，无法交换数据，电子邮件系统也是如此，而信息技术部门要升级企业资源规划系统，没有时间帮忙建设网站。

公司很难首先考虑数据集成问题，因此数据的使用通常不是优先项。只对系统中已有的数据进行个性化处理，这是相当正常的情况。有时公司需要手动输入客户关系管理系统、客户俱乐部或网站的数据，并将其用于营销活动中，但通常只得到有限的转化率，并未收获更好的效果。

数据集成困难，损害客户体验

如果信息技术部门、客服中心和市场部门都有各自存储数据的系统，并且缺乏有力的刺激让其相互帮助，那就无法集成系统。客户的感受是客服中心和市场部门不知道他们购买的产品信息，而营销人员不知道客户并不满意。店员为客户提供"不错的购买推荐"，但客户却在新闻简报中可以找到更好的交易产品。信息技术部门和财务部门拥有优秀的数据管理系统，但不得不面对一个事实：需要记录和报告的销售额越来越少，因为竞争对手更专注全渠道营销，它们抢走了客户。

现代信息技术部门有数据仓库

也许欧盟颁布《通用数据保护条例》后，公司的信息技术部门更加意识到，要整合企业的所有数据。现在，公司拥有数据仓库很常见。数据仓库是收集数据并通过应用程序编程接口（API）或业务服务公开数据的系统。建立数据仓库并不一定是为了营销或数据分析，但相比立法之前，数据集成的情况有了很大的改善。

全渠道集成与客户档案

在全渠道模式下，信息技术部门帮助集成市场部和客服中心的数据，以供部门使用。将新数据源连接到数据中心，用以处理所有客户的数据,这称为"单一客户视图"或"客户档案"。

客户档案是收集客户数据的地方,它对于与客户互动非常重要(见图2.3)。客户档案不是收集客户的完整数据,而是收集与客户最重要的历史互动、主数据和购买历史(基本上是静态数据)。除此之外,客户档案还收集客户更具动态的最近互动数据,比如客户最近在网站或新闻简报上看了什么?客户对客服中心的看法是什么?现在客户的线上购物车里有什么商品?如果互动数据是一个月前的,那对于后续与客户进行沟通并为其提供服务并无帮助。

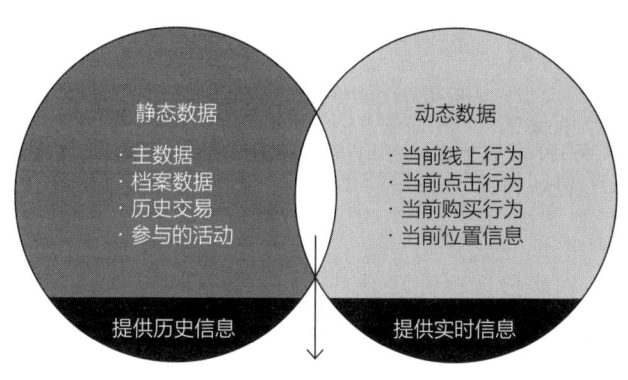

静态数据
- 主数据
- 档案数据
- 历史交易
- 参与的活动

提供历史信息

动态数据
- 当前线上行为
- 当前点击行为
- 当前购买行为
- 当前位置信息

提供实时信息

客户档案
获取数据的唯一地方,以实现人工以及自动化客户服务与沟通

图2.3 客户档案

除了这些简单数据,客户档案还包含经计算得出的、更复杂的洞察,如下一个最佳行动或者客户流失的风险。更多内容请参阅第三章。

完整的客户档案以及所有相关的营销数据，通常分散存储在公司的"营销云"中，或者存储在现在的"客户数据平台"等类似的地方。

客户数据平台

客户数据平台是一个全新的系统，用于存储营销人员所需的所有数据，并由他们进行控制。该系统可以保存已知和未知的客户数据，使营销人员能够利用商业规则和人工智能建立并管理动态细分市场，然后给沟通平台提供这些洞察。有些公司还可以通过营销活动和自动化沟通来实现与客户的交流。

数据管理平台

从字面来看，"数据管理平台"可能类似于数据仓库或客户数据平台，但不同的是数据管理平台完全专注于优化付费媒体的使用。

它可以集成客户关系管理和电子商务系统等第一方数据源的各种数据，并将其与"潜在受众市场"的数据源相结合，以多种方式扩大匿名的 Cookie 受众规模。

收集全渠道数据——从哪里开始

领英让客户输入数据，亚马逊以及其他有远见的零售商从数字渠道和店内收集行为数据，从中汲取灵感，然后着手收集数据。还有许多公司将数据收集构建到产品中，考虑通过问卷调查或先进的评估系统，系统地询问客户，以此收集情感数据，这些方法都不错。

问卷调查、网站、电子邮件、客户俱乐部等数据，通常很容易收集与集成。至少，如果你收集数据的工具不是单一的系统，而是为数据集成（数据的输入与输出）建立的系统，那就很容易做到。

数据收集与存储的法律问题

原则上，所有客户数据都是个人数据。《通用数据保护条例》保护欧盟消费者，加利福尼亚州《消费者隐私法案》保护加利福尼亚人，加拿大有其反垃圾邮件立法，其他国家也有类似法律。在开始准备大数据收集之前，记得考虑这些法律问题。

一般的规则是，你只有征得客户许可，才有权与客户进行直接沟通，储存并处理客户的个人资料。你必须清楚你在收集什么数据，目的是什么。

个人数据可以分为两大类。

- 个人一般数据；
- 个人敏感数据。

个人一般数据包括姓名、职位、交易记录、客户关系以及其他非敏感信息。可以被广泛的公众所获取的信息属于公开信息。基于此，你可以认为，所有提交给脸书或领英的数据都是"公开信息"，因此公司可以收集并使用这部分数据。

个人敏感数据包括种族、族裔、政治见解、宗教信仰、工会会籍、健康记录、性倾向、犯罪记录以及有关重大社会问题和家庭内部关系的信息。

《通用数据保护条例》规定，客户有权通过请求，确切知道公司收集了什么数据，也有权要求删除这些数据，或要求至少将这些数据进行匿名处理。

截至本文撰写时，我们还未看到有任何公司因违反上述法律而被定罪。该罚款最高可达到公司全球营业额的4%，这令许多公司颇感害怕。

数据收集的成熟度

情感数据可以帮助我们深入了解客户的体验，但它不一定是公司收集的最能获利的数据。公司放弃收集客户提交的数据以及行为数据，也不一定是明智之举。那么，数据收集的成熟度可以用什么来表示（见图2.4）？

高成熟度

在数据收集方面成熟度高的公司能系统地收集并整合实体

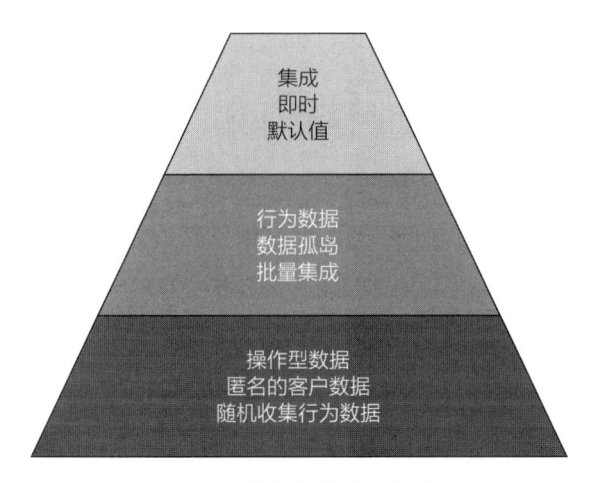

图 2.4 数据收集的成熟度

渠道和数字渠道中所有的客户活动数据（包括提交的数据、行为数据和情感数据）。在数据收集成熟度高的公司，每个客户只配置一个档案文件，用来汇总客户的主要数据，而且可以从其他系统轻松访问该信息，公司的任何员工都有权访问。这类公司能全权控制自己的隐私政策，以及遵守与个人数据相关的法规。

中等成熟度

中等成熟度的公司经常收集客户提交的数据和行为数据，并保存在客户个人层面。这类公司在不同的渠道（实体和数字渠道）收集数据，但无论在组织部门还是在渠道间，数据集成度低，根本无法集中处理数据。这些公司通常通过手动上传文件或者每晚在不同渠道之间批量传输数据来实现数据集成。

低成熟度

　　成熟度低的公司，收集数据的唯一目的是法律规定的会计。这类公司没有系统地收集不同类型的客户数据，而且营销数据（无论是问卷调查信息、网站信息或是店内购买记录）一般都无法与客户相匹配或者以客户为单位存储数据。如果有数据对应特定客户，只是随机发生的，并不能真正表明公司对此看重。

第三章
数据分析与人工智能
CHAPTER 3

第三章
数据分析与人工智能

与客户互动时直接利用数据资料，对于提供个性化服务非常有价值。用人工智能分析基础数据可以取得更好的沟通效果。先进的分析技术能根据获得的数据，推荐或定制对客户的服务（见图 3.1）。

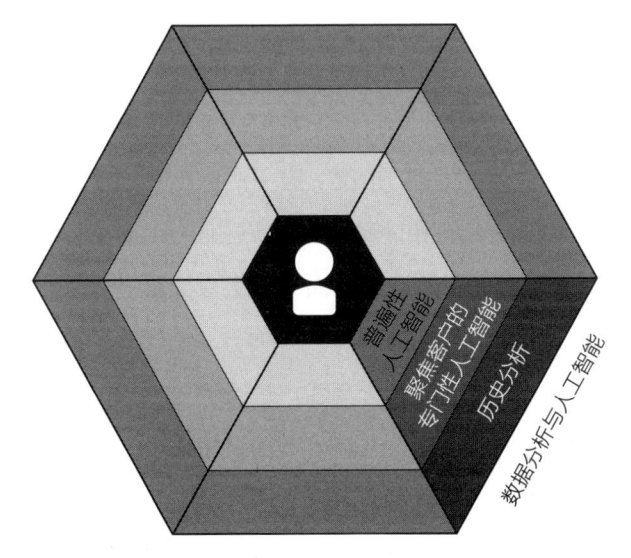

图 3.1 数据分析与人工智能成熟度

马丁就职于瑞典有声读物公司（Storytel）。他是公司的数据分析部部长，该部门发展很迅速。有声读物公司的客户花钱订购包月业务后，就可以随心所欲地阅读书籍。有声读物公司客群增长迅速，目前用户已超过 70 万。公司收集了大量的客户数据，对每一位客户的互动数据进行记录并单独存储。

马丁在公司的第一个项目是开发图书评分系统。该系统考虑到图书与客户的相关性问题，还考虑到图书篇幅、价格等因素，以确定适合每位客户阅读的最佳书籍。这不仅极大地降低了运营成本，还提高了客户的忠诚度。比起客户自行搜索书籍，他们更乐意阅读推荐的书籍。从那时起，数据分析就成为该公司运营的核心部分。

现在，马丁开始着手另一个数据分析项目。他的团队对客户使用应用程序的不同方式做了初步的聚类分析，并使用算法了解不同数据点在聚类中的分布情况。根据这些数据，他们了解了客户使用应用程序的情况。有一组数据聚类清晰表明，客户在通勤时使用该应用的频率很高；还有一组聚类显示，客户会在晚上长时间使用该应用；而另一组聚类则显示，五岁至十岁的儿童在就寝前会使用它。

马丁指示团队持续对所有客户进行评分，标记他们与哪个聚类最相似，并用这些数据洞察增加自动化系统中每个客户的数据，这使客户关系管理团队的工作与客户更相关。

马丁团队的下一个大项目是使用数据分析为每一个客户提供"下一步最佳行动"。这些数据将汇集各种推荐方式，方便公司与客户进行沟通或者为客户提供服务。公司通过算法知道，要提高客户满意度，并使退订率降低，下一步要采取什么行动。

有声读物公司为客户提供个性化的沟通和服务。该能力不仅来自公司收集并持有的客户原始数据，还来自运用先进的分析技术。这些技术使公司能够深入了解每个客户的详细情况，并准确预测客户偏好和期望。

第三章
数据分析与人工智能

先进的分析技术和人工智能可以从复杂的数据中提炼出洞察和远见。这些信息可以促进个性化的交流；传统的分析，如关键绩效指标、仪表盘、预测等，根本无法达到这种水平。刚接触这种分析技术的首席营销官会面临两大难题：首先，分析技术应用在哪里？如何应用才能使营销效率最高？其次，如何对分析技术做出最佳的营销部署？

在本章，我们致力于揭开数据分析与人工智能的神秘面纱。你可以了解该技术为营销人员带来了哪些能力，并明白它们如何增加营销价值。我们将提供指导方针，告诉你人工智能和先进分析技术的使用方式，让你大大提高成功的可能性，快速获得价值。我们会详细介绍文中所提案例的使用方法，改变传统营销工作。最后，让我们展望未来。在这个迅速发展的领域，未来属于那些富有想象力、具有远见的组织！

考虑到市场营销人员对数据分析和人工智能领域了解较少，本章将用更加叙述性的语言，加深读者对它的理解。

大数据时代到来

有关人工智能和高级分析的技术已经存在几十年了，但在大部分时间里，只有极少数早期使用者以及有远见的人运用过该技术。

大约在 2010 年，"大数据"一词开始流行。很多人以前从未认真思考过，以数据为导向会为组织带来机遇。大数据激发了这些人的想象力。人们宽泛地用数据数量、种类、处理速度和准确性来定义大数据。尽管大数据没有公认的定义，但高级管理人员意识到，数据资产具有巨大的潜力。许多高级管理人员第一次愿意进行技术投入并制订计划去开发数据潜力。

这无疑是一件好事，但大多数高管以及受他们指派去创建和推动大数据项目的先锋和团队对于开发数据潜力的方法了解甚少，甚至毫无头绪。在充满炒作的市场中，推荐数据分析工具的供应商对潜在使用者建议："只要利用数据库，就会发现有价值的洞察，进而改进企业！"这种推销方法忽视了数据分析从业者多年以来的经验所得：在任何数据集里，大多数模式和相关性根本没有商业价值。

早期很多数据使用者受到市场误导，一心钻研数据，导致幻想破灭，项目无法产生重大价值。一些数据分析实践者取得成功后，有公司借鉴其方法，取得了不错的效果。他们明白，分析数据需要以具体的业务目标为导向，过程包括以下几点。

- 识别可改进的结果，以达成目标；
- 考虑需优化的决策，以改进结果；
- 找出推动优化决策的分析方法；
- 了解各分析方法所适合的数据。

这种"以业务为本"的方法，聚焦获得价值以及衡量价值的步骤，这是在大数据时代下真正能取得成功的基础。

第三章
数据分析与人工智能

大数据的下一波浪潮是人工智能。人工智能包含以数据为基础的大数据分析技术，同时它使机器智能加入商业运作的可能性更广。但是，从事数据驱动的项目，最终很容易变成"科学项目"，无法创造实际价值，经常以失败收场。通常，项目要关注商业需求，这一点至关重要。以市场营销为例，企业要在客户生命周期的各阶段都努力取得最好的业绩。在人工智能领域迈出第一步时，记住这一点很重要。

人工智能

人工智能并不是最近产生的，早在 20 世纪 50 年代，就有人在研究这个领域。人工智能的定义很简单：如果计算机做了人类的事，我们会说计算机有"智能"，那该计算机就是在展示人工智能。

人工智能涵盖了许多领域，包括机器人、机器视觉、自然语言处理和合成、规划和问题解决等。今天大多数人工智能应用的核心领域是机器学习，这是算法的一种概括性术语，它可以根据历史数据，计算出即将发生的事，并应用数据研究结果，对当前以及未来事件做出准确有力的评估。

机器学习与市场营销密切相关。消费者产生大量复杂的数据，营销人员已不可能成功推测他们偏好的变化，这就是我们需要人工智能的原因。

分析无处不在

市场营销部门总是负责处理数据。我们不应该认为，拥有机器学习能力的人工智能，不同于营销人员早已从事的分析工作；相反，我们最好将数据分析视为不断处于演变过程的方法、技术和科技。正是这些演变使"传统"分析可以无缝结合高级分析和人工智能。

描述性分析 在商业领域，描述性分析更可能涉及计算电子表格中的公式、查询数据库以及生成商业智能报告和仪表板。这些数据都提供"后视镜"视角，可以回顾到目前为止发生的事。商业人工智能通常会将数据整合到关键绩效指标中，让用户深入研究这些指标，亲自探索数据，以找到潜在相关的模型。

可视化工具也可视为描述性分析的一部分，因为该工具使人们能探索并理解当前或历史数据。可视化工具包括饼图、直方图等静态的简单图表，到高度交互且动态显示的多维数据。通过可视化工具，你可以穿梭在数据中，获得虚拟现实般的体验！

前瞻性分析（forward-looking analysis）不是新技术，迄今为止前瞻性分析主要应用于预测。前瞻性分析是一种"标题概括式"方法，它基于过去的趋势和模型，去预测收入、利润、留存率等走势。预测对于把握整体情况非常重要，并且是全局规划的有效工具。但预测不能深入到细节，这些细节需要与客户进行个性化的沟通和互动。

预测性分析（predictive analytics）也利用历史数据展开研究。但在这种情况下，机器学习算法会自动探索数据以找到与特定业务成果相关的潜在模式和关系，如客户购买特定类型产品的倾向。这些数据是营销人员可以参考的，但算法也能产生可直接操作的模型，用于评估任何当前的案例或新案例，并自动预测其结果。预测模型对每个案例进行简单评估后，以数字、倾向或得分的方式输出结果。这些模型也可以作为预测的基础，例如预测客户流失的风险水平，在整合数据后呈现出客户流失的整体趋势。不过，与前瞻性分析的不同之处在于，用户可以研究整体数据。这个模型实际上是一个"关键绩效预测指标"，用于查看个体或群体的预估绩效。

规范性分析（prescriptive analytics）将预测模型的结果转化为直接可操作的决策，结合分数结果与业务逻辑来决定每种情况下应该采取的最佳行动，如是否推出营销活动，推出什么活动，采用哪种渠道。

基于机器学习的预测性和规范性分析，属于人工智能的范畴。本书通常简单使用"人工智能"表示这些先进分析。

实际上，高级分析是一系列技术的演变。高级分析可以应用到风控、财务、网络规划、运营、供应链等任何业务领域。分析后的数据可以为决策提供"智能"参考，帮助取得更好的结果。在销售分析、营销组合归因和规划、分类规划等营销相关领域，高级分析技术也广泛应用，许多公司利用分析和机器学习来改进发展。

本章频繁使用术语："使用案例"。该术语表示人工智能的单一特殊应用。例如，一家公司可能会选择"向高价值客户交叉销售某产品"和"增加接受优质服务的客户留存率"作为最先的人工智能使用案例。

分析的原理很重要，分析的方法也同样重要。随着人工智能和机器学习时代的到来，出现了"数据科学家"的岗位。这让我们很容易认为，研究数据正确的开始方式是向数学专家或统计学专家提供数据，之后他们会对数据施展魔法。

应用分析的原则

绝不能"盲目"应用技术。即使聘请技术专家，让其运用智能算法全权处理数据，这种方式也行不通。分析数据应该遵循系统的方法。

数据分析不仅是技术问题，结合商业知识也很重要。直接将数据丢给专家处理，可以得到技术层面优秀的分析结果，但会遗漏微小且重要的商业考量。营销人员必须亲自参与分析工作，或打造紧密合作的分析团队，与技术分析专家在各个项目环节开展合作。

最重要的是，要记住以业务需求和目标去驱动项目，衡量成功真正的标准是业务结果的改进。

人工智能的能力——算法与模型

公司可以依据算法模型，利用人工智能进行市场营销。模型读取客户性质等数据后会产生一个或多个结果,如最有可能吸引客户的产品、客户对特定营销活动的反应倾向等。

机器学习算法会在分析历史数据后产生模型。这些模型不断吸收最新数据,然后更新客户行为及其偏好变化。算法的类型有很多,与考虑这些算法的技术细节相比,我们更感兴趣的是,你想达成什么样的个性化营销目标,以及人工智能如何帮助你达成这个目标。这些问题的核心在于,你想要了解你的客户:有哪些细分市场和细分客群?此外,客户的哪些特征和信息能让你辨别出该个体?这是有关"谁"的基本问题。对于这些客户,你还需要关心以下几点。

他们对什么类型的信息感兴趣?他们会买什么产品?什么产品内容最能促使他们下单?(**什么**)

他们如何与你互动?通过哪些渠道互动?如果购买服务产品,他们是如何使用、如何支付的?(**如何**)

他们更喜欢何时进行互动?在一天中什么时候最容易沟通?从长远来看,他们什么时候会经历客户生命周期的不同阶段?其中的哪个阶段对商业而言最关键?(**何时**)

因此,考量人工智能算法和模型类型的关键是其功能,以及它在回答"谁""什么""如何""何时"这些问题上发挥的作用,以便帮助你开展以客户为中心的业务,以下是人工智能模型和算法的主要功能,它们可以直接应用到你的营销中。

分类算法(classification)能区分数据,例如,某人是不是产品的受众，你可以用该功能预测客户会不会购买产品。该算法可以生成很有辨识度的特征信息，方便分辨典型的购买者和非购买者。

某银行推出了最新的投资管理产品。玛丽的工作是筹备该产品的活动内容。她查看测试营销结果得出的分类模型时，注意到两类潜在购买者的特征：一类是年龄较大、富裕且保守的客户；另一类是年轻的客户，工资存款在过去三年高于社会平均水平，购买了高价值商品。她精心设计了两种营销内容：针对前者，她强调安全性，保证产品能稳定且高收益发展；针对后者，她强调产品的投资策略创新，且有望获得高收益。

评分（scoring）可以预测事件发生的可能性，如客户反馈、购买、终止服务的可能性等。评分在某些方面与分类功能相同，但它会针对每个客户或案例进行评分，帮助你做出相应决策，比如对比客户的排名数据。以有声读物公司的"书籍评分"为例，适合读者阅读的书籍有很多，对书籍进行评分后，该公司能给读者推荐最匹配的书。

客服中心经理萨拉接到客户西蒙的电话。西蒙十分生气，抱怨自己在这家公司的体验很糟糕。萨拉记录着数据，每次她点击"返回"按钮，就看到客户流失指数在上升，从温和的绿色数值0.35，很快变成红色突出显示的0.87。她深吸一口气，准备采取紧急的客户挽留方案。

聚类或自动分割算法（Clustering or auto-segmentation algorithms）会根据客户的行为习惯判定"自然生成"的客群，并描述客群的特征。第四章将提到，国际花商联合会（Interflora）通过分析人们在贺卡上写的文字，辨别文字可能对应的场合，并基于人们对同一场合写的不同文字，高效聚类客群。有声读物公司将聚类算法用于识别以特定方式使用公司服务的群体，比如上班族、晚间读者、儿童读者等，这能真正改变市场。

关联分析（Association analysis）倾向于识别同时出现的数据。公司经常使用它分析同时购买的物品，因此它常被称为"购物车分析"。关联分析的规律如下："当客户购买 A 和 B 时，存在 72% 的可能性购买 C。"当你建议交叉销售时，可以使用该技术作为基础。注意，关联分析使用的数据并不局限于某次交易中购买的产品，它能分析客户在公司购买的所有产品。

英格丽德的团队刚刚收到上周店内销售的关联分析报告。她在深度分析报告后，注意到一个很强烈的关联信息：许多购买了两种或两种以上新系列蔬菜薯片的客户，同时也会购买自有品牌的鱼和海鲜蘸酱。英格丽德知道系统会利用这些数据，自动将海鲜酱优惠券发给最近购买蔬菜薯片的会员，于是她给陈列员发了一封简短的电子邮件，建议他们把薯片和蘸酱明显放在一起。

序列分析（sequence detection）和关联分析类似，但序列分析能检测时空中以特定顺序发生的事。该算法可以检测客户消费或产业升级等对公司有利的模式，寻找通往该模式的"捷径"，或利用算法识别像退订等对公司不利的事件，并找到避免它们的方法。该算法可以应用在很多领域，如识别客户消费时的网页访问路径，或者通过记录客户的一系列行为提前预测他们会终止服务。

伊戈尔在某航空公司客户关系部工作。该部门的分析师首次应用序列分析来处理飞行常客的数据时发现，金卡会员客户如果一个月内连续遭遇两次严重的航班延误，他们就会大幅降低在本公司的消费金额，很可能是因为客户改乘其他公司的飞机了。伊戈尔与老板沟通并说服他，无论何时发现类似的信息，公司都应该立即给相关金卡会员发一张升舱优惠券。此举可以大幅留存客户，增加金卡会员在公司消费的金额。

预测（forecasting）或**估计**（estimation）可以对将来发生的事情做出数值估算。例如，估计客户在新服务或产品上的支出金额，以及客户的终身价值。该技术通常结合其他预测方式来作出决策。例如，分析哪些客户可能接受信用卡升级，继续给公司带来高收益。如前文所说，汇总这些个体客户的估算数据，有助于对数据作出总体预测。这种传统的"概括式标题"的预测技术，可以提供关键绩效指标，预测公司未来业务的发展趋势（见第五章）。

在银行，学生群体接受的待遇最差且服务优先级最低。学生对银行的收入和利润贡献很小，为什么要在他们身上浪费时间和金钱？银行的客户分析团队引入预测性的客户价值模型演示该模型根据历史数据，能准确评估客户10年后的价值。银行将该模型应用到学生客户身上后发现，在可预见的未来，一部分学生确实会继续处于贫困状态，但有一部分学生能给银行带来巨大的收益。于是，许多银行立刻针对未来能带来高收益的学生客户，推出特殊服务。

实际用于完成某项工作的算法通常并不重要。我们应该把算法看作是日常工具，而非潜在的"杀手锏"，认为算法的技术优势可以自动解决世界上的问题（起码能解决市场营销的问题）。但是，有时人们在特定的使用案例中会发现，某算法在某种层面特别贴合案例或者很实用。为了说明这一点，让我们看看算法两个不同的特征：第一是不透明度（opacity）。算法生成的模型像"黑盒子"，人们很难理解或不能理解其内部工作；第二是粒度（granularity），即模型区分个案的程度。

神经网络（neural networks）和**决策树模型**（decision trees）都能用于评分。神经网络可以模仿大脑通过神经元网络传递信息的运作方式，它们在模仿人类潜意识决策的应用领域尤其有用，比如图像处理和模式识别。神经网络对市场营销有用，因为它们能产生一系列数据，以非常精细的粒度区分个体。神经网络存在不透明性，这有时被视为缺点，因为它们很难准确理解大脑中神经网络如何做出决定。图3.2是预测客户反应倾向的神经网络图。

决策树模型（图3.3）用树状结构进行分析，得出决策。每个分支点都会测试数据的属性以确定下一个分支的走向。"叶子"代表特定的结果或分数，由此产生决策。决策树的优点在于容易读懂，易于理解。但是该模型对相似的叶子往往给出相同的分数，导致得分呈块状分布，无法辨别组内分数的个体差异。

图 3.2　神经网络模型

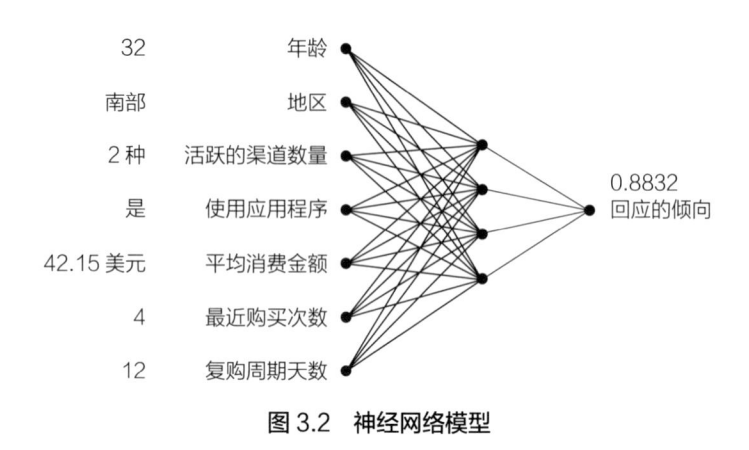

图 3.3 的决策树识别可能对营销活动做出不同反应的人，并生成有关分数（虚线分支表示决策树中更细节的部分，此处不做展示）。

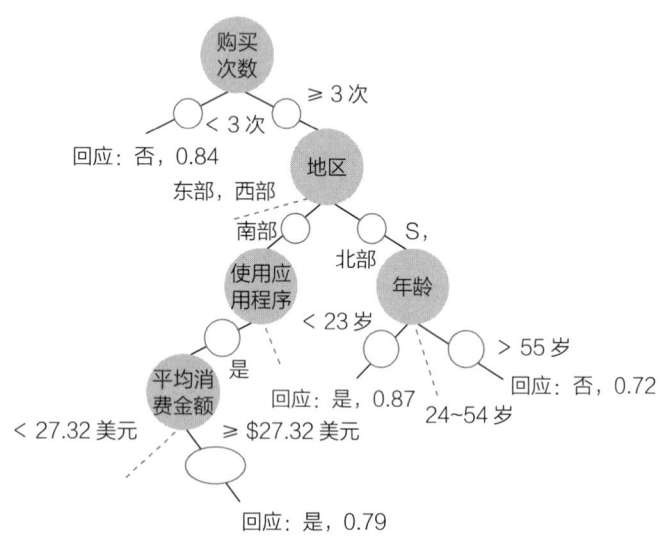

图 3.3　决策树模型

神经网络和决策树模型在实际应用时各有缺点。你可以组合使用两种模型。例如，用神经网络（带有细粒度评分）找出最能引起客户反应的活动，用决策树或者其他规则的模型（用于对数据分类而非评分）分析发生反应的决定性因素，结合两者可以达到两全的效果。除此之外，你也可以使用其他高级的方法，比如用神经网络模式得出的数据，而不是历史反应数据，来调试决策树，以此了解神经网络做出决策的原理。

"预测过去"

我们怎样才能确定，算法已经成功输入数据，而且产生有价值的模型并算无遗策呢？在传统的统计学中，人们总是认为自己分析的数据只是世界上的一小部分。这意味着要使模型估算准确可靠，且理论结果有说服力，需要花费大量的精力。在如今信息丰富的世界，数据不足不再是一个问题，用大型的综合数据对机器学习模型进行实证检验，可以获得更多相关的绩效数据。

这种实证检验源于算法模型的预测能力：不仅能预测未来，还能预测过去。换句话说，你可以用机器学习算法未曾运行过的历史数据，来测试该模型，看看结果是否符合事件发展的轨迹。如果你有五年的历史数据，可以用前三年的历史数据构建模型，用后两年的历史数据进行测试，看看模型会得出什么结果。

该模型已经正确预测多少笔交易？它提前预测出多少客户

的流失？用该模型预测商业指标：从财务角度来说，增加销售额或提高客户留存率意味着什么？也许在你使用该模型进行市场营销前，它就已经强有力地分析过商业案例了。

理解洞察

前文提到，一些模型具有不透明性。在检验模型性能时，如果你对其精准度有信心，就说明该模型已经足够好了（有多少人担心所乘飞机自动驾驶的可靠度？）。但多数情况下，你想知道模型基于什么做出决策，它们的哪些"学习"洞察有助于了解客户，并能为公司开发沟通信息、内容、促销活动提供灵感。

这就是机器智能和人类知识结合之处。营销人员可以利用大量的已知洞察识别出最有趣、最有潜力的信息，以帮助开展营销活动。人类知识在解释奇怪甚至违反直觉的发现时，也能发挥无价的作用。几年前，本书的另一位作者在一家B2B公司工作。该公司开展客群分类项目：研究客户是否对公司一年两次的营销活动有反应。算法发现，那些不太可能做出回应的客群，表现出一条显著的特征：婚姻状况未知。分析师感到困惑并试图弄清该特征意味着什么。他们推测，询问客户婚姻状况可能会让他们感到不安、烦躁并疏远企业，然后不再回应营销活动。但市场经理看到这个信息后，很快就明白了背后的原因。该企业三年前才开始收集这个特定数据。从那时起，在与客户进行服务热线电话等联系时，会要求客服人员询问客户的

"婚姻状况"这一额外信息。因此，婚姻状况未知其实意味着"企业已经至少三年没有联系这位客户"，这表明企业与客户缺少互动。这就能合理解释算法发现的信息：这些客户对营销活动不响应。虽然数据中没有字段可以明确表明公司上一次联系客户的日期，但是机器学习算法已经用"婚姻状况"数据，很好地表明这一重要时间特征。

在分析的早期阶段，可理解的洞察发挥着重要作用，它通过展示模型确定的已知事实证实假设是成立的，这向潜在的怀疑者表明算法在学习有用的东西，有助于建立他们对该技术的信心。但怀疑者仍然会反驳："这有什么价值？它得出的结果是我们都知道的事实！"他们认为，像晚春人们购买短袖衬衫的意向会增加一样，这种简单的发现微不足道。这里有一个好办法：选择一份相当复杂的个人资料（十分容易看懂，但营销人员很难用简单的营销法则来解释客户行为），提取匹配资料的所有数据后，得出明确结论，比如拥有某种特点的客户回复率远高于整个客群的平均水平。

偏见的危险

某些情况下人类的决策会偏向特定结果，该现象被称为"偏见"。机器学习算法会从数据分析中获取结果，虽然数据真实客观，但人们在挑选代表数据时难免隐含着某些偏见，所以得出的模型也带有偏见。在法律和聘用员工等方面，模型设计不当可能会令种族歧视或性别歧视长期存在。

就营销而言，偏见不太可能导致如此可怕的后果，但仍会带来影响。我们基于过去的活动数据，应用机器学习算法完善营销活动并提高营销效率，得到有价值的结果和高额回报。但归根结底，我们往往限制算法去做我们已经在做的事，而不是让其做到"更好"（达到更高的精确度和准确性）。我们限制算法思考，让其在我们现有的行为内考虑问题，这也是一种偏见。我们用已经完成的营销活动数据，而不是可能有效的营销策略数据，去训练模型，所以它们可能会延续和放大当前营销策略中的缺陷。

你能做些什么？最重要的是，你应该意识到，有一些数据只会延续当前的实践。聚焦自己获得成功的营销案例，并对已完成的营销策略做出调整，能让你获得丰厚的回报，但也可能导致你错过其他商业机会。

有一个好的解决方法：多进行实验和测试。向标准营销对象以外的少数客户发送问卷，并获取反应数据，然后将其添加到用于培训人工智能模型的数据中，那么该模型未来分析数据时，会考虑到这些潜在的反应者。你还可以延伸该方法，将其应用到模型的日常学习中：如果向非模型处理的一部分客户发送问卷，并把他们的反应数据传输给模型，模型就可能会根据这些数据对原有的假性数据进行调整。

只要你想实验，就可以实验。当你测试一项营销新活动时，不要选择标准的营销目标客群，请对客户样本进行随机抽样，然后让人工智能不受偏见地从头分析该活动是否能取得营销效果。

用机器学习改进市场营销实践——市场细分

人工智能和分析技术应用广泛，如何使用它们达成特定的营销目标？为了更好地理解它们，我们要深入了解传统的营销工作：细分市场。

传统的细分市场通过辨别客户的特征或行为等简单方式，识别不同的客群。营销人员对市场进行高级和（或）定性研究后做出假设并进行细分。

问题在于，这个以假设为基础的方法，得出的是营销人员主观定义的市场细分模型，而不是完全基于现实数据的模型。即使模型受到肯定且具有使用价值，它也无法跟上时代发展。在现代世界，客户行为偏好的变化速度很快，这意味着客户常会在不同的子市场间游移。这些市场的划分规则会跟不上时代，并且越来越不符合现实情况。

机器学习使数据驱动法成为可能。该方法基于客观的事实数据，使用聚类算法自动创建细分模型。为了方便阅读，本书作者称其为"自动细分市场"。这是本章开头有声读物公司马丁团队所采用的聚类类型。

聚类算法能应用在任何数据子集上。例如，公司可以根据客户的描述性属性、行为或结合这两个特征对他们进行聚类。算法自动生成的每个聚类都可以被视为一个细分市场。

正如在有声读物公司案例中了解到的，找到这些聚类的显著特征，你就能从中得出重要信息，并针对各个聚类完善营销活动。你可以使用聚类查看工具，帮助可视化这些信息，或者进一步使用机器学习算法自动提取聚类信息。例如，创建分类算法可以显示 19 号聚类与其他聚类的差别。

你也可以直接分析单个聚类的关键指标。例如，你能轻易找到哪一个聚类客群购买特定类别商品的平均意愿最高、哪一个聚类客群的平均支出最高、哪一个聚类客群的忠诚度最低。通过分析这些聚类指标，你就可以知道要针对哪些聚类客群进行营销，并为你制作最有效的客户营销信息提供想法和灵感。

聚类模型能自动细分客户，且动态更新信息。该模式可自动划分新老客户，将其归入最匹配的细分中（像有声读物公司标记客户那样），并且不断评估客户，追踪细分产生的变化。而且很重要的一点是，算法能定期自动更新聚类模型，识别全局细分的变化。该能力可以让细分基于最新的数据和客群特点。

预测客户未告知的信息

本书第二章提到获取客户数据。公司要求客户提交数据，无论是要求客户在登记时提供个人信息，还是在问卷调查中提供关于个人感受和态度的信息，都无法保证客户会遵照要求进行回应。即使客户做出回应，答案是否客观事实，我们也不得而知。客户提供的信息并不一定会准确表达自己的意图或行为，他们可能会省略信息，输入错误的数值，或者故意提供不实信息。除了数据质量和完整性问题，还需要解决一个难题，我们通过问卷调查等方式采集数据时，通常是针对客群中的样本群体，但只有一小部分人会回答问卷问题。比起那些从未接受调查或从未回答问卷的客户，企业只是更加了解回应问卷的这部分客户。

我们一直专注于研究人工智能如何改善营销行动，但还有一点也值得探讨：机器学习算法如何使用你收集的数据创建预测模型，并帮助你解决问题。

◎ **输入和修正值**

你可以利用人工智能，根据客户提供的某些信息（如收入）建立预测模型。该模型能在客户并未提供数据时，分析已知信息，做出合理推测。同样，它也能验证客户往往会忽略的信息。它可以识别出与预测数据相差较大的异常数值，然后选择是否要将其替换。

这些预测值并不是客观准确的数据，只是概率估算的结果。但对模型进行适当测试和验证后，这些预测值通常会比客户数据中的漏洞（或明显不准确的信息）更有价值。

◎ **从少数到多数**

如何更广泛地利用少数受访者提供的信息？下面是你需要遵循的过程，以便在客群中利用这些数据。

通常我们会选择满意度等能表达客户态度的字段。

- 只从每位客户都有的行为信息或描述性信息中整理受访者数据；
- 创建用于预测目标的模型；
- 在整个客群中应用该模型。

瑞士的有线电视运营商缆通（Cablecom）公司研究了有线电视客户的满意度及其决定性因素，并取得了成功。该公司调查了处于营销周期关键点的客户，结合他们的满意度和其他数据进行分析，筛选出了100多个影响因素，该模型能够预测任何客户的满意度。在此基础上，该公司使用预测模型识别出可能流失的客户，并采取先发制人的措施留住他们。该计划十分有效，公司的客户流失率从预测的19%降为2%。

从数据到分析，再到行动

从数据到分析

第二章讨论了从各种信息源收集数据的方式。数据是分析的"燃料"。在多数情况下，为了有效地分析数据，我们需要通过以下两方面将它们调整为合适的"形式"：一是数据组织；二是数据准备和特征工程。

◎ **数据组织**

多数机器学习算法处理的数据是经扁平化处理的元组

（tuples），其中行代表样本（例如客户），列代表属性。对于监督式机器学习，列中的一个（或多个）属性将聚合成"目标"。例如，旗帜表示客户是否会对特定优惠活动做出回应。这些记录的具体格式和内容会根据不同案例有所差别。公司通常会创建分析数据视图，汇集并同步所有可用的数据，再根据需要，调出特定使用案例的数据集。

◎ **数据准备和特征工程**

在使用机器学习算法前，要准备好数据。这会涉及一些常规问题，比如识别和处理数据的质量问题，或者数值的不对称分布问题。后者可能会对算法带来挑战或产生有偏差的结果。过采样（over-sampling）和欠采样（under-sampling）等技术，让算法更关注不常见的结果，这有助于让算法真正学会理解不常见的模式。更有趣的是，这也是丰富并增强数据的过程，它常被称为"特征工程"。它能利用基本信息推测出更深层的特征，为算法提供更多的有用信息。一些推断过程可能很简单，例如从出生日期推导出年龄。

其他更复杂的推测过程需要处理一系列数据后，才能获得特征信息，用以描述客户行为随时间变化的规律。例如，观察在过去3个月、6个月和12个月中客户购买或使用服务的频率走势。它还可以提取图像或视频中有意义的特征信息（基本上就是描述"看到"了什么），方便机器学习算法使用它们。第二章中亚马逊就使用过该功能。

执行分析——工具和方法

◎ 谁在做这件事

分析人员一般会决定要选择使用哪些工具和技术。

阐述"数据科学家"角色的文献有很多,其中《哈佛商业评论》有一篇文章颇受欢迎,文中写道,"数据科学家是21世纪最性感的职业"。数据科学家都是顶尖分析专家,能胜任一切需要技术的工作。但招聘时要谨慎:粗略接触过公有领域机器学习工具的人,都可能自称数据科学家。

无论数据科学家的技术水平如何,数据分析都不是脱离商业知识的纯技术性工作,这一点十分重要。让懂得商业知识的人密切参与数据分析工作,才是取得成功的关键。因此,一些公司采取的措施是,先让部分营销人员学习分析技能。退一步来说,他们至少要具备在营销行动中运用先进分析工具的能力。

下文列出了可供选择的分析工具。注意,你选择采用的客户数据平台(参见第二章)很可能包含分析功能或工具。

当然,你可能会把分析工作外包给咨询公司或第三方公司,让它们来选择分析平台,并把处理后的数据和分析结果交给你,但要注意数据共享方面的合法性问题。

◎ 代码层面的方法

如今很多分析工作用 R 语言或 Python 语言完成,其优点在于,程序员可以免费或者低成本地在公有领域(开放源代

第三章
数据分析与人工智能

码）中使用，且能轻松访问许多算法库和实用程序。但这也存在缺点，编程是劳动力密集型工作，专注于详细的编程会导致程序员忽略分析的目标和过程。这些方法只适合数据科学家使用，公司不可能要求营销人员精通 R 语言编程。

◎ **可视化工作台**

很多工具采用可视化编程进行高级分析。有了这些系统，用户可以在屏幕上放置图标，代表数据源、操作数据的方式（如特征工程）、探索工具（如可视化）、机器学习算法和其他实用工具，然后连接这些图标，明确分析的链条或流程。最顶尖的可视化编程工具大多是商业软件且需要付费，但它们能让许多用户受益。这些顶尖工具使非专业分析人员（如营销人员）能使用高级算法（自动配置操作），并取得高生产力（还可能获得工作思路），再加上详细的技术控制，甚至可供最专业的分析师使用。代码级工具的使用者能从库中获取最新算法。可视化编程软件作为具有商业发行周期的产品，无法第一时间使用这些算法，但是大多数可视化工具有集成 R 语言或 Python 语言的能力。

◎ **成套的解决方案**

使用成套解决方案，即在特定营销活动中使用人工智能，是取得初步成功的最快途径。有些营销部门尚未建立人工智能系统，还未培养先进的分析技能。该方式能帮助它们最快地利用人工智能提高特定营销的回报，例如，自动对购物车弃单客户采取后续行动，或者基于对客户购物周期的了解，向他们发送回购提醒。虽然人人都喜欢快速取胜，但要确保这不会将你局限于简单、成套的分析中。在证实这些成套方案有价值后，就应该对其进行拓展，建立并应用自己的人工智能能力。

◎ 为扩大规模使用自动化

无论你采取什么方法，一次性分析带来的价值都很有限。完全利用人工智能营销的组织会在业务中应用许多预测模型。分析需要的粒度和个性化水平越高，就需要越多模型，越多考虑客户行为偏好的问题。随之增加的是监测并更新模型的有关工作，以便基于客户行为偏好的改变，及时做出相关性的推荐和决策。

这些需求早已超出人工分析的能力范围。为了真正实现一对一的个性化服务，让机器智能根据动态多变的客群做出更新，公司需要设定好成套的分析流程并让机器自动运行，且在一定程度上无须人工干预。当组织从手动分析发展到"分析工厂"，我们便可以相信其有能力将人工智能进一步应用到任何规模的客群。

从分析到行动

无论数据有多么完美无缺，无论预测模型多么算无遗策，只有将其投入营销行动中，才会产生价值。

其中一些机器智能操作可以帮助人们做出更好的决策。例如，根据客户关系管理软件的数据得出预测信息，为客户提供更好的服务。人工智能需要自动化来提高智能。同样，如果机

第三章
数据分析与人工智能

器智能具有相同的粒度，并自动化执行工作，就能获得最大的效益。

有时你需要仔细思考，如何应用预测模型，并考虑客户间的差异。第二章提到，收集客户数据通常应该循序渐进，这表明不同客户具有不同的数据完整度。如果限制预测模型，让它只考虑客户普遍存在的数据集，会使它无法发挥更好的预测效果，令我们无法了解更多客户信息。庆幸的是，由于算法模型常在客户生命周期的特定点收集特定数据，客户库中会存在不同完整度的数据。因此，我们能根据数据完整度对客户进行分组，并建立模型。当你把这些数据放入系统中分析，机器智能会根据客户的数据完整度为其选择最佳模型。

下一章中会提到，当你从数据分析转到行动实施时，可以向客户推出哪些相关沟通和个性化服务体验。

优化

使用预测模型可以提高与客户顺利沟通的概率。用预测模型带来的洞察和远见分析每个客户以及沟通时机，有助于你做出正确决策。通过这种方式，即独立地思考与客户的每一次互动，你可以视为自己在达成"一连串最佳决策"。

最优化技术（optimization techniques）能产生一连串最佳决策。这些最佳决策被视为一个整体（这里特指与客户互动），能最大化获得价值或利益。

在促销活动和沟通中，最优化分析会考虑以下几个方面：客户的预测行为（客户回应促销活动或信息的倾向、客户可能的支出金额、客户的渠道偏好等），参数（使用不同沟通方式的成本），限制条件（渠道的容量和总预算）以及目标（最大化地获得回应或收入）。整个过程都会使用数学最优化引擎进行计算，在限制条件下考虑达成目标的最佳方案，例如如何有效地为客户提供恰当的促销活动、进行到位的沟通等。

阿根廷伊塔乌银行（Banco Itaú Argentina）使用预测分析和最优化分析推进营销活动，在竞争激烈的市场中，使现有客户的收益贡献增长40%，零售客户的边际贡献提高近60%。

销售以外的最佳行动

在市场营销中，我们通常做的是促销活动等鼓励消费的项目，但一些组织为了在客户关系中建立长期价值，会注重"下一个最佳行动"而不是"下一个最佳营销"。这就是前文中有声读物公司马丁团队的工作。

无论与客户关系如何，组织都可以采取一系列行动。毫无疑问，公司会开展一些促销活动，但有些行动并不是以创收为目的的。它们可以是对客户的抱怨进行道歉和补偿，或者提前调整收费价格，虽然这会使公司短期收入下降，但会提高客户忠诚度和潜在客户的留存率。还可以采取很多其他行动，比如为客户提供免费的培训、指导或资讯，帮助客户从购买的产品中获得更多信息等。

在特定的时间点和沟通中，哪个促销活动和行为最佳？这取决于很多因素。大部分因素由预测模型的分析结果得出，如下所示。

- 购买各种产品（类别、升级、附加产品等）的倾向；
- 对当前和将上市产品、活动的敏感性；
- 风险承担；
- 预测客户满意度（及决定因素）；
- 客户的当前价值和预估的未来价值。

成功应用下一个最佳行动需要自动化流程。每次与每个客户进行沟通时，都会大规模地使用以下步骤。

- 从预测模型中获得最新评分（根据需要进行运算或者是最新的运算）；
- 使用适合倾向评分的商业规则以及其他洞察分析数据，提出潜在的行动和建议；
- 在决策阶段，对这些行动进行评估并排序，得出最佳选择；
- 执行最佳行动。

与应用高级分析一样，自动化过程需要闭环。公司需要监控操作是否成功执行,然后微调规则和决策标准。由于客户行为在不断发生变化,公司还需要使用最新数据不断更新模型。

从哪里开始

前文介绍了如何使用人工智能优化营销活动,希望已经给你带来了一些启发。但你可能会疑惑:"该从哪里开始呢?"

这个问题没有统一的答案。组织不同,适合的起点也不同。本文会提供一些思路,告诉你在选择起点和规划人工智能流程时需要考虑哪些因素。

选择易实现的目标

人人都想快速取胜,尤其是在开发新计划时。在这种情况下,快速展示人工智能和高级分析的价值,并让同事和管理层(以及自己)相信,它们能真正帮助到组织,这一点很重要。

列出使用案例,也就是你能在哪些业务中应用人工智能,这是一种不错的起点。然后针对每个案例,考虑以下因素。

◎ **是否与营销目标一致**

如果公司将重心放在获取客户上,那用人工智能管理客户留存率、流失率可能就不是最佳起点。

◎ **能否增加价值**

除了在公司内部尝试,还有一个办法,能让你对人工智能优化营销充满信心:参考竞争对手或类似公司的方案,研究它们的使用案例，并沿着它们踏出的成功之路而行。

◎ 可能带来什么价值

尝试对人工智能的分析结果赋予含义。如果人工智能预测，客户对特定营销活动的回复率提高了两倍，这意味着什么？如果在网购中应用交叉销售，客户购物车的商品数量增加了10%，这会带来怎样的经济效益？考虑这些问题，要兼顾积极、消极的方面和可能出现的情况。

◎ 这些分析方法有多困难

更复杂的项目花费更多时间，要求更多技能，隐藏更多风险。

◎ 需要什么数据

有些项目对数据有特定的要求，例如要收集额外数据或预处理大量数据。项目对数据要求越简单，就越容易运行。

◎ 结果有多容易实现

只有分析结果得到实施，这些项目才具有价值。思考一下，让分析结果付诸实践需要付出多大的努力。如果无须改变或只须微调现有系统和流程，就可以无缝实现分析结果，那就是最佳起点。

接着，基于这些标准对可能的使用案例进行排序，然后选择最佳起点。这个过程听起来很困难，但别太担心。尽管要满足很多标准，但通常你很快会意识到，无论列出多少项目，最多也只有几个主要起点。再者，你不必自己做这些事。该领域经验丰富的产品、服务和咨询供应商都会给你很大的帮助。

虽然我们无法明确地告诉你行动的起点，但很明显，有些类型的应用就比较适合当起点。例如，消费品的交叉销售使用最简单的关联算法，其中最简单的算法形式只需要用到客户的购买数据。许多公司已经这样做并取得了很好的效果。它们向客户发送带有建议的个性化电子邮件，来跟踪其近期的购买行为。通过分析客户对邮件的回应，很容易估量出算法所建模型的价值。相比之下，整套"下一个最佳行动"就不适合作为起点，因为这要求创建并管理一系列的预测模型，需要用到很多数据源。较少有公司声称，已经开发出全面的"下一个最佳行动"系统，因为它要集成各个渠道的操作系统，要能够进行实时操作。虽然它能产生巨大的潜在利益，但要实现这一点，需要对客户终身价值的增量进行复杂的分析。

是否有足够的数据

对于使用人工智能以及高级分析的人来说，这是最常见的问题。它可以分解为两个方面。

◎ **数据（也就是指业务）规模是否够大**

几乎可以肯定地回答，规模够大了！如果客户数量并不是很多，这些技术对业绩增值的帮助可能微乎其微。但如果公司为少数客户提供具有价值的服务，而与他们的互动需要基于大量数据，那么这些技术就仍然值得考虑。

在各种使用案例中，数据足够多的情况十分少见。我们见过有些案例只有几百条记录，但也成功应用了预测技术。还有一些案例，尽管有数百万条记录可用，但大部分数据都没有意义，无法由此构建出可靠的模型。

数据的数量和质量并不理想时，该如何着手？使用人工智能和高级分析的最大障碍是，有些公司认为数据的数量和质量没有达到预期，因而止步不前，不采取下一步行动。全方位地了解客户只是一种愿景，无法真正实现。几乎没有公司能保证数据质量达到百分之百完美。

管理数据需要成本，越早通过分析数据来获取价值，对公司就越有益。

事实上，人工智能和先进的分析技术可以很好地处理有质量问题的数据。而且，在考虑选择易实现的目标时，通常要考虑数据完整性问题。许多项目最初能使用的数据有限，但随着时间的推移，项目吸收了更多数据，项目中模型的准确性和价值也会增加。使用合适的分析工具，以现有数据开始务实地进行操作，然后逐渐加入更多获取的数据，该过程并不需要对已创建的分析过程进行很大修改。

过程

评估潜在的可用案例能为全局规划打下基础，有利于组织运用高级分析与人工智能。在此过程中，你会创建许多潜在项目，每个项目都能增加组织的价值。在每一个项目的执行过程中，你可以慢慢锻炼能力并夯实技术基础。这意味着，当你执行数据更多、要求更高的项目时，你就能更好地应对。当技术和能力提升后,执行项目所需的时间、精力和成本就会降低。

这个原理同样适用于数据。你需要开发数据资产,并逐步提高其质量,如此一来,使用案例就能操作更多数据。此外,可以将获取的新数据源加入系统中,更新已完成的数据分析,这能带来更大的价值。

展望未来

人工智能技术领域发展迅速。人工智能的某些应用发展被视为大部分组织的前途所在,但很早就有人使用这些进展,证实它们的价值了。

"太初有道……"

许多组织已经将非结构化数据以文本的形式整合到客户的分析报告中。自然语言处理技术能够捕捉客户提到的某些话题或概念,还能提供客户兴趣和偏好的相关信息。例如,该技术可以应用于客服中心,在与客户进行沟通时使用。一些公司还进一步使用情感分析技术,理解客户话语中隐藏的情感。

有声读物公司创新性地使用自然语言处理技术,彰显了其在图书领域的独特地位。公司直接分析图书内容,将图书与读者进行匹配,这种方式比分析书籍的简单元数据有效得多。该方法不仅适用图书公司,很多营销部门把客户反应数据与经分析后的沟通文本相结合，还可以准确找到能产生最佳互动效果的营销内容。

深入研究

在创作本书时，人们倍感兴奋且宣传力度最大的人工智能方法就是深度学习。

深度学习算法在亚文化的应用中特别强大，比如识别图像和视频中的内容。虽然一些企业已经在市场营销中使用该算法，但在书中提到的应用领域，使用更传统的机器学习技术就可以有效解决问题了。

深度学习能否为市场营销做出有价值的贡献？答案是肯定的，特别是营销人员要分析文本之外的非结构化数据时。瑞士NVISO公司就提出了相应方案，实时评估客户的情绪反应。在客户同意的情况下，公司可以使用日常产品（如手机、平板和电脑）上的标准摄像设备进行实时拍摄。想象一下，如果能记录客户对营销内容的反应，将其与已知数据结合使用，就能让人工智能模型更加准确地预测客户偏好。

无处不在的机器人

无论你是首次访问购物网站的临时访客，还是正在获取理财建议的银行客户，聊天机器人都无处不在。

目前，机器人有两大发展方向。第一，人们进行大量研究，尽量使机器人在沟通中像真人一样，训练机器人的新岗位也随之产生。这些人员不是数据科学家或人工智能专家,而是受过语言、沟通和心理学培训的员工。你能分辨线上的另一端是人还是电脑吗?著名的图灵测试突然极具现实意义。用户能否发觉沟通的对象从成本低廉的机器人,变成成本高昂的人工客服了?在对话特征和交流质量方面,机器人表现得越像人类,公司就越能灵活地管理交互式沟通渠道,让熟练的人工客服专注于处理重要谈话中的重点内容。

第二,尽管机器人的对话能力仍然可能相对较弱,但我们看到越来越多的公司正在助力人工智能的发展。乐斯菲斯(North Face)使用国际商业机器公司(IBM)的沃森(Watson)认知系统开发专业私人导购应用程序。该程序会询问客户的活动内容、时间和地点,预测天气情况,缩小适合客户的产品范围,然后进一步与客户开展对话,了解客户的更多偏好,向其推荐合适的产品。

将人工智能应用于客户体验——出差者的智能旅程

本章只浅显介绍在取悦客户和增进客户关系时,人工智能起到的作用。本节将列举一个案例,说明客户互动不必局限于营销活动,以及人工智能在客户互动时可以囊括更多功能,而不仅局限于处理客户数据。

嘉信力旅运(CWT)是全球领先的旅游管理公司,帮助各种规模的组织安排员工出差事宜,简化旅途中的步骤,使出差

第三章
数据分析与人工智能

更有效率。

该公司的业务是尽可能平衡三方客户的需求。

- 帮助需要出差服务的公司管控成本并确保相关人员遵守公司的出差政策；
- 帮助航空公司、旅馆等出售航班、房间；
- 让出差者在行程预订和管理（或旅行本身）等体验上舒适、顺畅。

基于一系列人工智能的支持，嘉信力旅运将以上需求纳入商务旅程中。公司在客户预订相关服务的门户网站进行个性化设置，基于出差者之前的行为以及系统预测的偏好，向其推荐航班和酒店（即促销活动）。因此，这些推荐活动对客户具有很高的相关性，且遵从客户所在公司的出差政策。嘉信力旅运不仅在旅程各环节为客户提供便利，还为他们出谋划策，如推荐目的地或休闲娱乐的方式，这使客户关系更人性化。公司还使用天气预报、潜在航班问题等外部数据，预测妨碍旅程的潜在情况，这为客户关系增添了新内容。出差者知道嘉信力旅运正在密切关注他们，该公司不仅能预测问题，还能先发制人地解决潜在问题，比如准备好替代航班。

在这种集成的、终端对终端的客户体验中，人工智能也许是幕后军师。相比机器智能，人工智能可以更有效且更具关联性地与客户进行沟通，为其提供服务。下一章会讨论实现这一

109

目标需要做什么。

数据分析与人工智能的成熟度

如本章所述，数据分析的价值不仅取决于所用算法的功能或复杂度。代表数据分析和人工智能成熟的指标是什么呢（见图 3.4）？

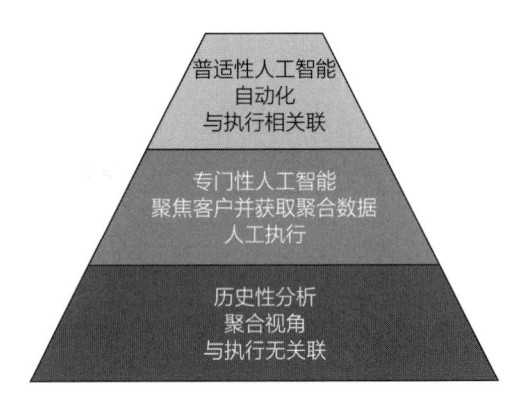

图 3.4　数据分析与人工智能成熟度

高成熟度

拥有高成熟度的企业能熟练使用人工智能，并能系统地将其应用于业务中。这些组织通过整合各部门的数据，得到丰富且全面的客户个人层面信息。它们不仅利用自动化的设备进行分析并做出决策，还直接将其应用于沟通和服务中。

中等成熟度

中等成熟度的组织以特别的方式，将人工智能和高级分析应用到市场营销中。这类公司使用营销和销售数据，主要针对客户进行分析，大部分分析聚焦个人层面，但部分数据只能以聚合形式得出（如匿名调查，得到的是混合数据）。分析和执行的关联并不紧密，帮助生成决策的分析洞察在很大程度上依赖人为干预来推动。

低成熟度

低成熟度组织主要使用聚合指标，利用一系列历史数据进行分析。它们通常着重分析产品销售、运营等业务的经营，而不在聚合层面上分析客户。这些组织使数据分析和执行互相独立，基于主观观点和假设做出决策。

第四章
沟通与服务

CHAPTER 4

第四章
沟通与服务

人工智能产生的数据和洞察，只有投入使用后才会产生价值。公司可以利用数据和机器智能，在恰当的时间对客户进行个性化沟通、服务和交易。不管是你对客户进行营销，还是客户向你寻求帮助，你都能（无论间接还是直接）知道每位客户的历史互动数据（见图 4.1）。

一对一的人工智能与洞察
个性化与市场细分
大众营销

沟通与服务

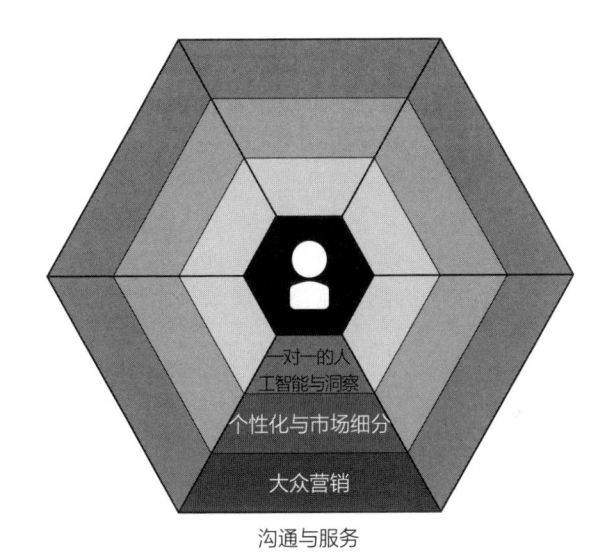

图 4.1 沟通与服务成熟度

在纽约哥伦比亚大学学习工商管理的亚历克斯是徒步旅行爱好者。在大部分课余时间里，他要么想着去徒步旅行，要么想着在山上呼吸新鲜空气。

多年来，他浏览了很多零售商和品牌的产品资讯，但并未产生深刻印象。它们千篇一律地充斥着产品、折扣与销售。

那年夏天，他去旧金山旅行逛了乐斯菲斯的商店。销售人员告诉他当地的小道,推荐他去攀登懒鬼山(Slacker Hill),并提到了乐斯菲斯 VIPeak 客户忠诚度计划。随后,亚历克斯报名参加了该活动。

该奖励计划基于乐斯菲斯公司的应用程序(App),其中有大量关于徒步旅行的有趣内容,以及对旅游新目的地和相关经历的感想。销售人员提示亚历克斯,到达懒鬼山山顶时用该应用程序办理入住登记。

他登顶后打开乐斯菲斯应用程序,登记入住金门国家休闲区(Golden Gate National Recreation Area)。随后程序立刻弹出通知,显示他已获得了 50 积分。

接下来的几个月,亚历克斯发现乐斯菲斯发送的通知有了变化。临近开学时,他收到了"开学季"促销活动通知,向他推荐合适的书包,这让他觉得这家公司似乎已经了解到了他的身份信息,以及他感兴趣的东西。他回想自己过去的一些行为,实际上已经给乐斯菲斯提供了大量的身份信息,如购买的物品、登记入住的地方、住址、在网站上浏览的产品、对邮件内容的反应等。他只是不习惯公司说到做到,真的向每个客户发送个性化通知。之后,他愉快地将书包添加进了购物车。

沟通与服务

以上是美国乐斯菲斯的客户故事。想象一下,你可以为多数客户提供类似的体验。

第四章
沟通与服务

为了更好地了解客户，乐斯菲斯在 2012 年推出 VIPeak 客户忠诚度计划。它与传统的奖励计划相同，客户购买产品就可以获得积分。但该计划还包含其他特色服务。乐斯菲斯契合其运动品牌的定位，让客户使用应用程序到值得探索的户外地点打卡，或参加品牌活动来获得积分，因此客户有动力不断使用该程序。

忠诚度积分不仅可以兑换购物优惠券，还可以兑换攀岩等与品牌相关的体验活动。如果客户具备户外技能且在品牌的消费金额足够大，甚至可以去珠峰大本营旅行。给客户带来除积分和折扣外的福利，有助于品牌提升、营销产品。

首先，奖励和相关性是两码事。你应该像乐斯菲斯那样采用个性化技术。该技术基于简单的营销规则、高级预测分析和人工智能。例如，由于美国各地的开学时间不同，乐斯菲斯使用简单的营销规则获取客户的实际地址，然后根据这些数据确定客户的开学时间，确定"开学"促销活动的日期。

其次，先进的算法会分析每个客户的组合数据流，确定其特别感兴趣的户外运动。乐斯菲斯制作了一款名为 Ventrix 的连帽夹克的宣传视频，还针对不同运动编辑多个版本，然后对特定会员发送合适的宣传视频。

乐斯菲斯客户生命周期管理和分析部总监伊恩·德瓦（Ian Dewar）说，营销效果很好。2018 年 8 月，他在瑞典的一次会议上说，接收到适时且个性化消息的客户，一年中访问商店的次数是普通客户的三倍，平均年交易量比普通客户高出 20%。

最重要的一点是，相较于只向客户推销产品，给他们发送更加个性化的沟通内容，能给品牌带来长期的资金收益。

全渠道营销的第四个策略

本章首先讨论的是，成功进行全渠道营销后，能给客户带来怎样的服务体验，以及为了实现该目标需要克服的主要困难。接着，本章将进一步探讨以公司为中心和以客户为中心这两种营销方式的区别。本章将利用零售和订阅服务的具体事例，说明在客户旅程中进一步接触客户的时间点。

尽管对相关性而言，时机十分重要，但它不是唯一的重点。本章还将探索其他可用策略，完善营销信息，使其更贴近客户并与他们相关，然后找到能实现这一目标的数据。我们认识到全渠道在零售业的特殊地位，并将在文中介绍经典的全渠道商务特色。零售商默认，客户几乎将这些特色视为理所当然的服务。此外，本章还将阐述在商店中如何使用数据进一步加强客户关系。

本章接着讨论了使用数据为客户提供个性化服务和相关内容时，如何做好平衡工作，不让他们觉得害怕，认为公司在过度获取他们的私人数据。公司可以遵循特定的简单规则，避免这种情况发生。

即使你的初始目标与渠道无关，但倘若你想接触到客户，渠道就十分重要了。本章会讨论各个渠道的不同，让你找到适

第四章
沟通与服务

合自己的渠道。各个渠道向客户精准发送营销信息的能力如何？适合推式沟通，还是拉式沟通？营销能与其余客户数据关联吗？

公司开发自有媒体时，系统的支持很重要。公司需要什么类型的系统，用于支持以洞察为基础的一对一沟通呢？

最后，本章讨论并描述了与客户进行沟通并为他们提供服务时，拥有不同成熟度的组织对数据和洞察的使用情况。

从"活动受害者"变成"品牌故事的主角"

没人喜欢被动地购物。我们喜欢购物，喜欢挑选商品。毕竟作为消费者，人们兜里有钱就想花掉。

这就是大众传播奏效的原因。只要受众足够多，那些被动看电视广告的观众中，一定会有人觉得广告中的商品符合他们的需求。如果幸运，马上就会有一些观众订购产品。

但问题在于，越来越少有观众认为广告刚好满足他们的需求。尽管媒体机构承诺，向特定电视频道的受众播放广告，但多数潜在客户都对广告内容漠不关心，剩下的受众则是广告的受害者。大部分广告曝光都是无用的，广告资金也浪费了。

让营销转变为服务

因此，公司应该在沟通中更广泛地运用洞察和数据。可不可行是另一回事。如果可行，最好在自有媒体上实施。如此，你就可以为客户提供个性化的促销活动，这种行为在过去称为营销。现在，它越来越被视为是一种服务，而不是促销的举动。

让服务转变为营销

与上文相反，让服务转变为营销是指与客户沟通时不要关注产品销售问题，不要考虑在恰当的时间给客户推送恰当的促销活动，而是制作内容精良且与客户相关的服务信息，给客户带来增值服务。正因如此，很多专注于建立客户关系的组织会更注重"下一个最佳行动"，而不是把重心放在"下一个最佳促销活动"上。

例如，在乐斯菲斯案例中，公司获取足够多的客户数据后，会减少与客户沟通产品内容，而是更多交流公司认为客户感兴趣的户外体验。

相关性无法一夜间获得

遗憾的是，沟通和服务很难甚至无法总能与所有客户相关。

实现沟通和服务的相关性，需要漫长且可能无止境的探索。在该过程中，你需要识别客户、收集数据、产生洞察。后文会提到，它需要产生一系列创造性的内容元素，以适应每种客户类型。这是循序渐进的过程，因为公司无法获取每位客户丰富的历史数据；再者，公司的数据库中本来就不包含所有潜在客户。

因此，要使相关性最大，就要建立自动化数据捕获和分析工程并设立自动化沟通系统。越来越多的客户会逐渐体验到这些项目。但你仍需像往常那样进行完整的营销，包括发起活动、利用付费媒体宣传和开展大众营销。

许多公司能够智能地利用数据，针对适合受众进行营销，并在活动中传递个性化信息，但这需要花费额外的心思。

简短的版本

如全渠道六边形模型的沟通与服务策略所示，大众营销是沟通与服务的起点。如果公司的数据库中没有客户或者只有少量客户，就必须着手使用付费媒体进行大众营销。

在逐渐提高销售额、征得更多营销许可后，公司可以逐步将更多活动性沟通转移到自有媒体上。这代表了初步的成功，因为运营自有媒体的成本通常比付费媒体低得多。数据和人工智能产生的洞察具有个性化特征且可以用于优化活动，用不同的营销内容吸引数据库中不同类型的客群。

接着，如全渠道六边形模型内层信息所示，人工智能会帮助你选择接触客户的时间，它不仅会考虑到一天中的时间段，还会把客户生命周期纳入考虑范围。数据不仅能帮助公司选择沟通内容，还能对发起沟通的时间点提出参考性建议。

研究表明，利用数据寻找合适的时机与客户沟通，比起个性化活动内容更有利于营销。公司可以使用人工智能和自动化达到目的。客户行为的时机各不相同，例如，什么时候客户对营销的接受程度最高，什么时候周期性的行为（例如回购等）频率下降，或什么时候他们处于客户生命周期的关键点。如果公司让人工智能掌握这些周期规律，并设定好自动化沟通流程，当客户处于关键时间点时会触发流程运行，如此一来，公司就可以优化为每位客户提供服务的时间点。

在设置并使用了一些自动化沟通流程后，你可以将它们串联起来使已有的流程发挥更优作用。要持续以质疑的眼光看待已有的服务内容、时间和算法，并试着发起创造性的营销活动并添加额外的个性化内容。如此一来，营销效果会进一步增强。

以公司为中心还是以客户为中心

产品的生产周期往往遵循季节的变化，许多公司根据生产周期开展营销活动（见图 4.2）。这是一个不错的选择，在恰当的时间发售应季产品，这大大增加了产品的相关性。除了换季的促销活动，在情人节、母亲节、光棍节、黑色星期五和圣诞节等一年一度的节日，许多公司还会举办购物狂欢节。

零售商还将代表供应商开展活动，实质上，供应商将根据活动计划向零售商支付费用，以在特定时间销售特定产品。你可以认为这个商业模式是反常规的，公司把客源作为商品与供应商进行交易，而不是把它们的产品卖给客户。

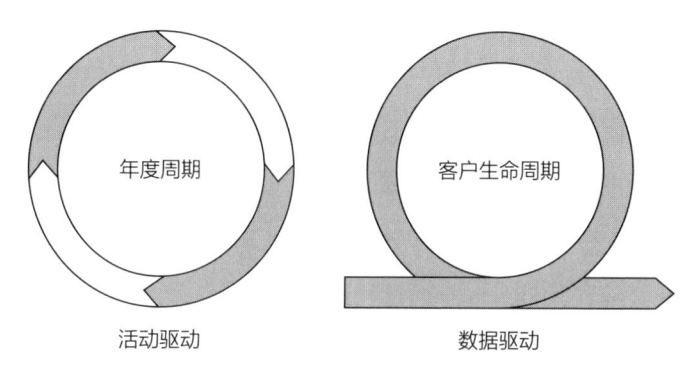

图 4.2 以公司为中心进行营销对比以客户为中心进行营销

（年度周期 活动驱动；客户生命周期 数据驱动）

这些策略都遵循营销思维并且以公司为中心。活动前夕，公司通过付费媒体和自有媒体进行宣传，尽可能呈现最好的活动效果。公司可以利用现有数据，在付费媒体上选择合适的受众，然后利用自有媒体向他们推送个性化信息。但是，要在哪里使用以客户为中心的沟通方式呢？

比如，根据性别进行个性化营销算是以客户为中心，毕竟，有个性化总比没有强。但公司其实可以更加贴近客户，例如，比起按季节性来考虑，根据客户生命周期来规划沟通时间更有利于营销。在客户生命周期中的各个阶段，他们会有不同的考虑，比如，是否应该购买某产品，是否续订或者是否把产品推荐给朋友等。

使用数据驱动法（参见第二章、第三章）可以预测客户可能会考虑的事情，以及他们产生这些想法的时间点。经验丰富的营销人员会利用这种洞察，在事件发生的时间点发送合适的营销信息。毫无疑问，这需要借助自动化和数据驱动法来实现。毕竟，人们不能高效地给大型数据库中的客户逐个发送营销信息。

国际花商联合会如何把握时机

国际花商联合会是一个服务范围涵盖世界多地的鲜花递送网络，通过该网络，客户可以给朋友、家人和爱人送花。自然而然地，在重要节日来临时，该公司会提醒人们购买鲜花。老实说，在母亲节前夕人人都能卖出鲜花。

真正有难度的是，在11月下着小雨的普通周二下午卖花，或者其他不是特殊节日的日子。为了在这些时候售出鲜花，公司需要知道谁在那天过生日，或者最好能知道谁会在商店为他们买花（或葡萄酒、特色菜等）。为了把握好时机，国际花商联合会丹麦分公司先试着让人们输入私人节日，如纪念日和朋友生日等。

填写私人节日并提交信息的客户会觉得提醒功能非常方便。国际花商联合会在客户每次消费时都会激励他们登记私人节日。但正如你所想，让客户提供数据相当困难。国际花商联合会不得不另辟蹊径，利用人工智能接触更多的客户并获得想要的信息。

虽然国际花商联合会能从产品和交易记录中获取数据，但公司其实能获取更富有情感且更有价值的数据，那就是贺卡。客户使用国际花商联合会送花时，可以输入寄语。国际花商联合会创建了能读取卡片文本的人工智能算法，它能精准地判断客户的送花场合、送花意图以及与收花人的关系。

举个例子，如果一名女士在特定的日子给一位异性送了葡萄酒礼品，那么她会在下一年的同一时间收到一条微妙的提醒："谁的生日快到了呢？"这证明该公司有 95% 的把握认为这位客户知道答案，并推荐给她一些男性会喜欢的东西，比如糖果或红酒。这也使该公司能稳定地在合适时机向大部分客群发送提醒。接下来，本文将谈谈在经典商业模式中，什么才是合适的时机。

零售企业和订阅型企业如何把握时机

客户生命周期可以简化为三大阶段：获客期、成长期和维护期。

在获客期，公司对客户知之甚少，会使用客户浏览产品和参与活动产生的数据，来确定客户对什么感兴趣，并推测向他们推荐产品的最佳时机。建立起客户关系后，就步入了成长期。

在成长期，公司会尽可能地加深客户关系，使利润和客户满意度都能最大化。同时，公司会拥有大量可用数据，因此能更好地提供与客户相关的沟通服务。

到了维护期，客户会表现出流失迹象。通常数据点偏低时，会出现流失迹象。也就是说，这些客户曾经在公司消费过，但距离上次消费已经很久，或许他们已经不再查看邮件了。这表明如果公司不采取行动，就很有可能会失去该客户。

图 4.3 概述了在客户生命周期中，零售商可用的典型时间点。稍后你会在本节发现，这张图同样适用于订阅型模式的企业。这些图片不是详尽无遗的，但应该能激发你的想象力。

此外，图像中列出的时间点也能适用于类似的行业或业务部门。零售和纯电子商务与旅游等其他在线销售服务十分相似。订阅型服务公司既包括纯数字服务公司，如网飞、HBO 电视网和声破天等，也包括纸质杂志和报纸等更传统的订阅公司。"订阅"一词也适用于会员组织，如工会、非政府组织和慈善机构、健身俱乐部和保险协会。事实上，零售业提供订阅式服务的趋势正在增长。比如，海淘网站 JustFab 的包月会员制和亚马逊的订阅服务，在这些网站上，客户能同时体验零售和订阅的服务。

◎ 零售企业

下图是零售企业在客户生命周期三个阶段的具体信息（见图 4.3）。

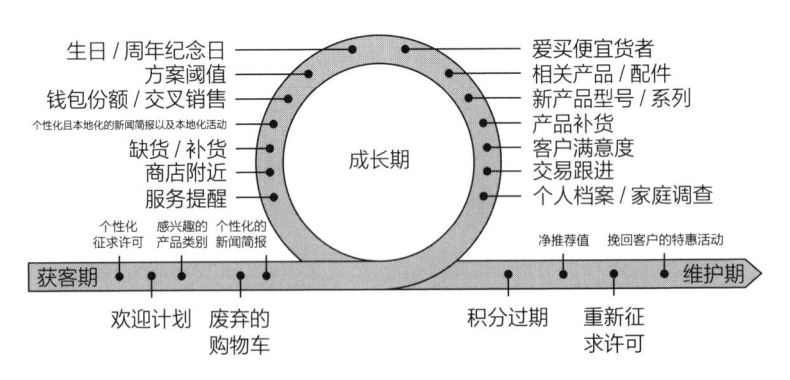

图 4.3 零售企业客户生命周期三个阶段的具体信息

第四章
沟通与服务

获客期

个性化征求许可（或注册）需要获得与客户直接沟通的权限（更多内容，请见第一章）。当客户离开网站或商店时，公司可以使用自有媒体和他们开展对话。公司可以使用即时获取的在线数据公司能很轻易地从数据中得出结果，或者依靠评分模型来进行选择。

这个策略不仅能用于线上营销，还能用于线下实体店。公司可以在店内的海报、单页广告、更衣室贴纸以及产品包装上来征求客户的营销许可。

欢迎计划是公司向选择注册会员、愿意进行沟通的客户进行的回馈。公司可以利用这个机会多谈谈公司的业务，并告诉客户他们的选择是对的。企业故事是什么？概念是什么？客户能期待什么？公司能提供怎样的服务？客户有哪些可能还不了解的服务？人工智能模型可能从先前的营销数据中知道，代金券或类似的优惠形式，能有效刺激客户进行第一次购买。

感兴趣的产品类别是基于每位客户的网络浏览记录划分的。如果数据表明客户对某个产品类别十分感兴趣，一定要向其讲述与之相关的精彩故事，以此吸引客户。它可以是设计师的一些背景信息、产品背后的想法或者是使用产品的灵感。以乐斯菲斯为例，如果客户密集浏览了攀岩产品，公司会提供更多信息，让客户了解如何获得出色的攀岩体验。同时，公司还可以给客户提供折扣，发送个人优惠券，而福利的多少，取决于公司有多大的意愿要获取客户，提高产品销量。和大多数互动一样，人工智能可以为公司提供更多的详细信息，准确了解哪种产品类别最有可能吸引该客户。

每一位零售商都想通过及时沟通来挽回废弃的购物车。具体来说就是客户把产品加入了购物车，但还没有结账。解决问题的方法有很多，其中一种方便的方法是，提示客户购物车的商品已经保留一段时间了。公司还可以向客户推荐替代产品，或用折扣券碰碰运气，以提高客户的购买概率。但不要一视同仁，给所有客户打折；相反，要分析已有数据，看看对每个客户来说什么是最好的选择。人工智能可以分析出哪些商品最容易被客户重新考虑，然后完成购买；哪些商品需要折扣，才能让客户回心转意。

这时要注意的另一点是店内购物车的数据。如果在售的商品价格较高，客户对其犹豫不决，公司应该将购物车商品详情保存到客户的在线个人资料中，以便稍后提醒客户。北欧家具零售商 Bolia 已经使用该策略取得了不错的成果。

在客户愿望清单上寻找可推荐的产品或刺激人们进行注册，是以上策略的变体。如果有人花了大量时间在网上搜索新车或新厨房的配套设施，或者使用了高级应用程序功能，比如增强现实技术或可视化室内家具布置，公司可以在这些时刻发起沟通，这有可能让客户买下商品。

个性化新闻简报是在客户生命周期中最常见的沟通方式。人工智能可以推荐在新闻简报中提供哪些内容和优惠，将普适的沟通变得个性化。如果客户在新闻简报中互动，公司就可以从中获取重要信息，推测出客户感兴趣的事物。公司要确保获取客户数据，并提供更多客户感兴趣的信息。

成长期

个人资料调查在客户旅程的任何时间点都可以进行。零售商要鼓励客户告知个人信息，并且利用这些信息给客户提供更具相关性的沟通和服务。询问客户的兴趣、家庭关系（比如孩子的信息）、衣服尺寸、喜好、生日和其他如周年纪念日等的信息。请记住，这些信息不是只能通过线上渠道获取。如果客户有机会访问实体店，此时就是一个不错的机会，要乘机好好了解他们。如西服定制（suitsupply）和衣橱俱乐部（thetrunkclub）等一些品牌也采用了这种策略，将实体展厅或实体店与电子商务结合起来。如第三章所述，客户未提供所需信息时，人工智能可以填补这些信息。

不要将交易跟进与确认订单混淆。客户收到购买的商品，此时是公司再次接触他们的契机。公司可以与客户确认，询问他们是否选择了正确的商品，并确保客户获得商品的所有信息，以便从购买中获取最多利益。如果这是一个复杂的产品，要确保客户知道如何使用它。如果是设计类产品，公司可以肯定客户的购买决定，并提供一些产品细节以此展开沟通，帮助他们成为品牌形象的推广人。同样，公司可以进行推销，推荐同系列或同类别的产品（或者利用关联模型预测能吸引客户的产品）。例如，客户购买了跑鞋后，公司可以建议他们再买袜子和紧身衣。

购物满意度应该在客户完成购物后不久自动发送，并分别询问客户的购买体验和产品体验。如果客户给出积极的答复，公司可以建议他们推荐店铺、对产品进行评论或者发布用户自创内容，以便进一步推广产品。公司可以利用人工智能和高级分析，查找获得好评或差评的常见原因。

产品补货可以针对客户常买或可能购买的产品。这些产品通常是消费类产品，如润肤露、洗发水、鞋子和牛仔裤等。公司可以利用一些规则提醒客户补货，关注每项产品多数人的补货时间点，或使用人工智能确定每个客户和产品的最佳补货时间。如果在特定时间点有很高的回购率，则与客户发起适当沟通，并发送创造性信息，清晰地表明公司正努力为他们续上最爱的产品。

公司也可以根据现有产品推出新型号。跑鞋就是很好的例子，多数系列每年都会上架新鞋型，比如亚瑟士（ASICS）的榧野（Kayano）系列。本书写作时，亚瑟士已经发售了第25代榧野跑鞋。公司会给购买旧版产品的客户发送信息，告诉他们新产品的改进之处，甚至还会引导他们转卖旧产品。

比起只关注型号的改变，公司更应该关注系列或类别中的新产品。这个策略十分适用于设计型产品，以及厨房用具等商品，它可以在媒体中使用。例如，人们可以关注同一作者、制片人发行的书、电影以及同一系列的所有产品。人工智能可以识别出最有可能购买同一系列产品的客户。

爱淘便宜货的客户并没有那么在意产品，而只关注交易划不划算。当然，产品不错，价格又实惠，肯定是最理想的情况。公司可以利用人工智能算法来确定哪些客户对划算的交易特别有兴趣，甚至还可以推算出能让他们完成购买的折扣力度。如果供应商为公司提供指定产品的限量折扣，公司要确保把这个信息传达给所有爱淘便宜货的客户。有些客户通常直接原价购买产品，公司没必要把折扣留给这些人，除非你想向他们交叉销售新类别的产品。

　　生日是最常见的购买时机。在客户生日即将来临时与他们接触，该策略被广泛应用于许多产品的服务营销中。正确运用该策略，需要你灵活地使用营销信息进行个性化沟通。生活中经常发生反例，比如，某位客户生日时收到一封来自某品牌的祝福邮件，这封邮件不包含个性化内容，既没有考虑到客户的交易历史，也不包括产品优惠或折扣。一些公司能充分利用机会，激励客户使用愿望清单功能，并让他们把清单分享给朋友。公司还可以给客户推荐相关产品，让其加入清单。打折肯定是一个不错的营销方式，但也可以在其他方面做文章，例如供应商的赠品、纪念品、特殊活动等。如果公司有实体店，可以提供线下店限定的生日礼物，吸引客户来商店领取。理想情况下，他们会被其他产品所吸引。当然，也要额外准备一些赠品，毕竟这是他们的生日。考虑到可能有非常亲密的朋友和客户一起庆生，可以给这些朋友赠送一些短时间内能用的优惠券，而不是仅仅只能在生日当天才能使用。

　　纪念日与生日类似，也是客户的购买时机，比如结婚纪念日。这些数据可以由客户提交,也可以使用人工智能技术来推断可能的日期,前文提及的国际花商联合会就应用了该技术。在普通的周年纪念日给客户发送提醒是件趣事,例如,他们已经注册俱乐部会员一年了,或者他们已经进行了十笔消费。公司可以利用这个机会回顾公司对客户的陪伴,表达公司对客户关系的重视,并提供相关的纪念日优惠活动,让客户开心。

方案阈值可用于两件事。第一,它是一个服务提醒器,告知客户非常接近某一个方案的阈值,比如成为黄金会员;第二,告知客户已经跨越阈值,进入下一个层级,可能获得更多福利(比如购物获得双倍积分、选择自己的航班座位),甚至选择福利。

交叉销售通常是销售中最难达成的部分。向同一客户出售他们购买过的产品,通常比较容易(当然,前提是这些东西已经消费掉了)。如果公司产品类别繁多,向现有客户交叉销售新产品类别,就可以获得更多额外的收入,从而显著增加客户的终身价值。人工智能和预测分析可以扩大规模,大范围寻找会购买新产品类别的客户。相似人群扩展模型可以从客户的线上浏览行为中获取数据,能极其有效地比较客户的行为模式。只要你看到客户购买新产品类别的倾向超过了某个阈值,那就是你一直在寻找的时机。但是确保不要将阈值设得太低,否则客户会觉得你在发送垃圾营销邮件。

个性化且本地化的新闻简报与普通的新闻简报策略无异。不同之处在于,前者是从客户居住地附近的商店或者与他们有

第四章
沟通与服务

特殊联系的商店发送的新闻简报。允许商店经理决定在新闻简报中写什么，并加入针对这个地区的沟通内容，比如这个特定城市或社区会发生什么事情。此举可以使新闻简报与客户更具相关性，并加强与客户的联系。客户是否对某一个当地活动感兴趣？确保要以当地商店经理的身份发送信息，并考虑添加他们的照片甚至电子签名。

缺货及补货是客户在浏览网站商品或者询问特定商品（具有特定尺寸）时会出现的情况。如果这个商品已经脱销了，一定要让客户注意到，店里可能会有他们感兴趣的类似产品或替代产品，或者询问他们，商店重新上架这个商品后，是否需要提醒他们。人工智能可以提供线索，告诉你哪些客户可能对某种替代品感兴趣，并帮助你选择向客户推荐的产品类别。一旦商店有库存，一定要告知客户。

客户在商店附近时，对其发送营销信息，这主要应用于移动营销。客户在商店营业时间靠近某家商店时，请确保商店提醒他们当前店内提供的个人折扣，或者可能促使他们前往该商店的其他特殊特惠。这种方法也可用于百货公司内部跨部门的交叉销售。例如，在客户购物一定时间后，推荐他们去美食中心。

服务提醒类似"交易跟进"，但发起时间通常比后者晚。有些产品需要在使用一段时间后进行检查。自行车必须在某些时间调整刹车和辐条，汽车的零部件必须进行更换维修，人们必须定期访问验光师，检查视力。公司能利用这个机会，重新联系客户,然后进行自动化沟通。

维护期

一般来说,你可以认为,维护零售客户是努力发展客户关系的一部分。但是,如果他们一开始就有流失倾向了,你也要有一些策略应对。

积分过期提醒是试图挽回客户的微妙手段。如果你已经启动了积分计划,客户的积分很可能在某个时间过期。提醒客户积分即将到期,客户很可能将其视为一种服务。你可以告诉客户,有多少积分会过期,什么时候过期。你还应该给他们一些建议,告诉他们哪些项目可以使用积分。人工智能可以帮助确定谁最适合这种积分过期的说服方式,以及哪种类型的激励方式可以挽回他们。

净推荐值是客户满意度调查的常见形式。与其询问客户满意度,不如询问客户有多大的意愿将公司推荐给朋友或同事,推荐评分从 0~10。如果客户评分介于 0~6,你显然需要解决推荐意愿低的问题,了解问题所在,并尽可能弥补造成的损失。如果评分为 9 或 10,表明推荐的意愿很大,那就告诉他们推荐的方式,并给客户推荐奖励,以此激励他们。如果客户推荐成功,双方都有好处。第五章阐述了更多相关的内容,说明如何使用净推荐值获取有价值的洞察,从而优化整个业务。正如第三章所示,瑞士的有线电视运营商 Cablecom 使用人工智能,从净推荐值的客户反馈中学习并预测所有客户的满意度。

重新征求许可可以让客户知道,你已经注意到他们互动的次数减少了，并努力把客户互动提升至原先水平。你可以查看客户打开最后一封电子邮件的时间、最后购买的时间、最后一次登录的时间等，或者通过人工智能模型识别更微妙的迹象，以知道客户即将流失，不再互动。不要只是保持稳定的营销活动，试着解决客户互动下降的情况。让客户重新选择或者主动增加与他们沟通的频率。这不仅向客户表明，你在关注他们，而且还有助于提高你在电子服务供应商中的发件人口碑。当你减少对未互动（甚至取消订阅）的客户发送电子邮件时，你的电子邮件的平均打开率就会上升，这会增强你整体的邮件送达力，避免你发送的邮件被投诉为垃圾邮件，并被 Gmail 和 Hotmail 等邮件服务商自动清理进垃圾箱。

挽回客户的特惠活动是最后的策略。你已经很久没有看到客户购买了。他们一定把钱花在别处了。请与客户沟通直接解决这个问题。使用折扣以及相关产品和活动引诱客户，通常这是挽回客户的最佳方式。使用人工智能帮助你选择成功率最高的通用折扣或活动。你也可以利用这个机会了解客户不再购买的更多原因。询问客户原因，并感谢客户提供的帮助。也许这个问题会让客户重新进行思考，甚至让他们更喜欢你。

◎ 订阅型企业

订阅型企业频繁使用很多零售业的策略（见图 4.4）。个性化征求许可、个性化的新闻简报、个人资料调查、重新征求许可、挽回客户特惠活动等零售业策略，也对订阅型企业完全奏效，因此我们不再对这些策略进行赘述。下文详细介绍专属于订阅型企业的新策略,让你有所启发。

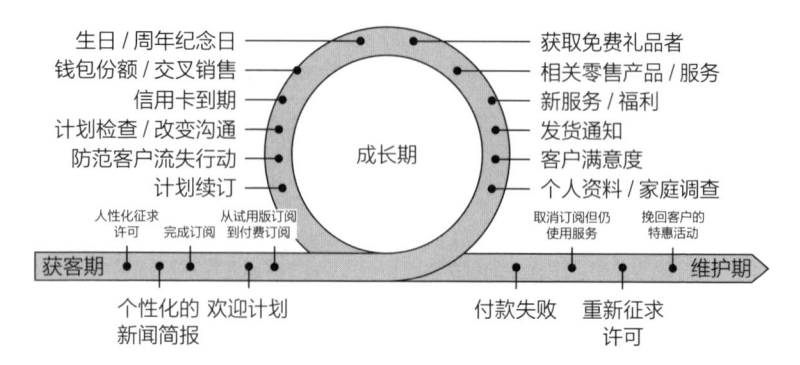

```
生日/周年纪念日              获取免费礼品者
钱包份额/交叉销售            相关零售产品/服务
信用卡到期                      新服务/福利
计划检查/改变沟通            发货通知
防范客户流失行动            客户满意度
          计划续订            个人资料/家庭调查
                    成长期
       人性化征求    从试用版订阅      取消订阅但仍    挽回客户的
         许可  完成订阅  到付费订阅       使用服务       特惠活动
获客期                                                          维护期
        个性化的  欢迎计划           付款失败    重新征求
        新闻简报                                    许可
```

图 4.4　订阅型企业客户生命周期三阶段的具体信息

获客期

完成订阅类似于零售业的挽回废弃购物车策略。此时,你会发现所有潜在客户几乎就要完成购买了,但就是没有下单。你可以征得客户许可,通过应用程序推送消息,发送网页通知、电子邮件或通过类似方式与他们进行直接沟通,提醒他们订单快要完成了,你保存了他们的操作进度,他们无须从头操作。人工智能可以帮助确定哪些客户最有可能完成订阅。这些人应该成为你关注的对象;人工智能还可以预测哪些"推动行为"能最好地说服他们订阅。

欢迎计划也是订阅型企业的有效策略。不同于零售企业,订阅型企业可能想花些时间告知客户能在服务中获得的所有选项和福利。数据分析得到的洞察能确保激励客户做相关的事情,从而提高客户的终身价值。鼓励他们下载应用程序,设置服务的快捷方式，并提供相关建议，告知他们如何正确使用应用程序，可以为订阅服务开启良好的开端。然后追踪他们实际做了什么，并提醒他们完成剩下的事情。

只有在获取新用户的过程中使用试订服务才有效。你可以认为，将试订用户转换为付费用户始于良好的欢迎计划。但是，当试用期快结束时，你需要着手解决以下问题：付费用户的全部福利是什么？如果客户频繁使用试订服务，请考虑使用现有的互动数据向他们说明，使用该服务可能获得多少价值和（或）快乐。此外，请确保与客户交流的信息都是鼓励其成为付费用户的实用信息。你需要额外信息，还是账单信息？人工智能可以基于客户试用期的行为，可靠预测每个客户转换为付费用户的可能性。针对可能无法转化的客户，你可以考虑延长试用期，重新推出简单的欢迎计划。

成长期

发货通知主要用于发行杂志等出版物的企业。公司的新刊物准备就绪，并且正在邮寄途中，此时就是通知订阅者的好时机，如此他们就会对收到出版物有所期待。但现今，客户未必会注意到邮箱里收到了哪些邮件。请确保发货通知包含以下内容：为什么订阅者会打开杂志？哪些文章符合这个特定订阅用户的特征？人工智能可以帮助你确定哪些内容可能符合他们的偏好。

新服务是指为订阅者推出的新产品或福利。它可以是新型的附加服务，如为健身俱乐部会员提供的营养补充剂，或者是公司提供的一般性福利，比如为订阅者提供的特殊零售折扣。公司应该把这种服务或福利传达给相关客户，如果预测模型推算出某类客户接受这类服务的倾向高，就给他们发送相关信息。不仅要通过专门的营销活动来推行新服务项目，还要将其纳入现有的自动沟通系统中，例如欢迎计划。

相关零售产品服务是设有附属网店的订阅型企业使用的策略。当新客户得到了欢迎礼物，而忠实的订阅者没有，就会使现有订阅者感到不合理。因此，通常情况下，我们建议给现有客户诱人的折扣，让他们能在一定的商品上使用。当推出与某些用户相关的新产品时，一定要告知他们，并将相关零售产品服务纳入正常策略中。与零售业一样，你可以使用人工智能确定哪些产品最适合哪位客户，或折扣力度多大才可能吸引某类客户。

在交叉销售这一策略上，订阅型企业与零售企业稍有不同。订阅型公司交叉销售的不是产品，而是客户可能感兴趣的其他订阅服务。客户对某个订阅服务的喜爱以及客户所在地区的第三方数据可以清楚显示与客户相关的其他订阅服务。如果他们订阅了一本时尚杂志，是否也有兴趣订阅一本儿童杂志？关联算法和模型可以预测客户有多大的意愿接受特定的额外订阅，从而帮助并指导你更好地开展促销活动。

信用卡到期可能是所有订阅型企业"必备"的策略。这个策略很简单，可以避免很多不必要的客户流失。信用卡快过期时，一定要及时提醒客户。客户很有可能已经收到银行的新信

第四章
沟通与服务

用卡。如果他们乐意使用这项服务，只要你提醒他们，他们肯定会在订阅服务里绑定新信用卡。人工智能技术可以帮助公司发现客户不满的潜在原因，知道客户为什么不绑定新卡，然后先发制人，发起挽回计划。

应该定期开展计划检查沟通。即使什么都没有发生，公司也要让客户放心，知道自己的选择正确，且情况正常，或者用数据显示，某些项目对他们更有利，鼓励他们改用更合适的服务。如果电费改为浮动费率，每月的电费是否会更低？如果话费套餐包括免费的国际漫游服务，或者包含固定金额的通话服务，会不会对客户更好？或许该策略会使公司的经常性收入稍微降低，但总比让客户觉得物非所值更好，那会使客户容易转而订阅竞争对手的服务。第三章讨论的优化等人工智能技术，可以帮助确保为客群中的每个客户提供最合适的收费价格。

客户流失防范可以应用在客户关系的任何节点上。公司通常会使用人工智能模型检测可能的客户流失风险，然后采取措施，发挥作用。这是"下一个最佳行动"方法（第三章所讲）的应用之处，即选择最佳行动，确保与客户保持长期的最佳关系。

计划续订可能是你希望订阅者做的事。如果你处理得当，只需给客户发送一个简单的续订通知。如果客户有流失的风险，而且你能够提前预见这一点（也许借助于预测模型），就可以给具有高流失风险、可能转而订阅竞争对手服务的客户提供合适的福利或礼物。

维护期

付款失败是指无法用信用卡付款的时候。大多数情况下，客户并不想取消订阅，只是因为忘记信用卡都绑定了什么服务。比如，他们更换银行了，或者信用卡到期了，突然间就无法支付一些经常性费用。

下文介绍一些简单的指南，可以让客户提交最新信息，重新订阅。

取消订阅但仍使用服务是指订阅型企业允许客户在取消订阅的情况下，仍然可以使用订阅服务。如果数据显示，有客户存在这种情况，那你就获得了精准的潜在客户。你可以为其提供专属的"早期挽回特惠活动"，询问客户是否愿意再次订阅。或许你可以免收"初装费"[①]。

相关策略

掌握正确的时机有利于实现相关性，尽管它不是普适性策略，无法总能适用并满足客户所有的需求。本节会探讨其他的相关策略。

下文将介绍一些你可以应用的策略，以便让客户觉得你的沟通具有针对性，从而增加你传达信息的机会。这些策略可以

---

① 初装费是指在安装某种产品或服务时需要的初始费用。

第四章
沟通与服务

应用于各种规模的渠道，同时也可以增加影响力。它们按照以客户为中心的成熟度排序，构成了全渠道六边形模型的另一个蓝色金字塔，如图4.5所示。

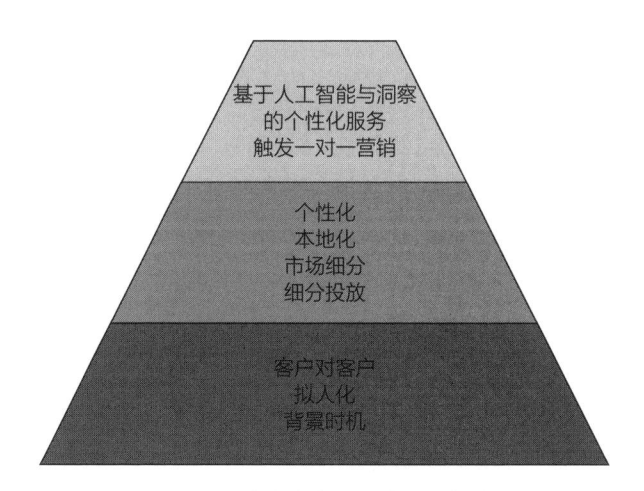

```
        基于人工智能与洞察
          的个性化服务
          触发一对一营销

            个性化
            本地化
            市场细分
            细分投放

           客户对客户
            拟人化
            背景时机
```

图4.5 客户为中心的策略成熟度

背景时机

背景时机指根据当前世界发生的事情给客户发送消息，可能是基于大事件，也可能只是基于当晚的电视节目。时机也可能取决于天气。这个概念也被称为"实时营销"。

在英国，必胜客（Pizza Hut）根据当地的天气预报，使用网站的个性化工具计算在当地发放优惠券的时间。必胜客从数据中知道，如果天气晴朗，店里的客流量不会很多。因此，必胜客会在天气良好时，给客户发放优惠券并与其进行交流，这样店里就容易宾客盈门。

拟人化

拟人化（不要与个性化混淆）是用品牌以外的名字发送信息，这会让客户觉得线上的另一端是真实的发送者，他们更像是在与真人进行交流。公司经常在电视上，聘请名人代言产品广告，或者使用名人拓展公关工作，使公关效果更好，或者更巧妙的是，在娱乐节目中植入产品。

这种拟人化策略在更具个性化的一对一沟通中也很奏效。一些品牌让专家（无论是真人还是虚构人物）代表品牌谈论相关话题。例如，在发送电子邮件时，"发件人"可以是真人。如果客户点击"回复"按钮，发件人确实可以收到回信。邮件的书写带有发件人的个人风格，只附带一些品牌元素，可能结尾还附上个人的电子签名。这种邮件看起来非常个性化，但仍然可以对内容和时间进行自动化设置。

影响者营销

即使你没有获取很多的客户数据，但在深入洞察全球市场后，也能非常有效地为一大群客户提供相关且具有意义的营销活动。例如，卫生巾和卫生棉条生产商护舒宝（Always）利用"我就是女生"运动风靡全球。护舒宝引导人们关注青春期给女性青少年带来的不安全感，不知不觉中就成为解决女性青少年缺乏安全感问题的品牌之一。

通常在付费媒体上开展大型营销活动，就能与客户开启交流。过去几年，我们看到公司不再局限于使用传统媒体，而是使用影响者（有时甚至用影响者代替传统媒体）进行营销。影响者是指社交媒体上拥有大量"粉丝"的人。如果公司想要推广信息，无论是复杂的故事还是简单的新产品，这些影响者都是有价值的真实营销载体。

细分投放

即使在一些渠道上，公司很难或不可能给特定客户发送合适的信息，但仍然能在投放信息时进行某种细分。

如果是户外广告，要知道哪类人群生活在哪些特定的城市和社区。同样，这也适用于电视广告或横幅广告的投放，比如某些频道、节目、时间段会吸引目标群体，增加曝光率。

市场细分

市场细分是指确定特定消息的接收对象。公司会根据相同特征划分客群，有些特征更具持久性。例如，对于绝大多数人而言，性别不会变化，但订阅状态会随时间发生改变。如果你的市场细分基于极具动态的数据，并自动进行更新，请略过这部分文字，直接阅读"触发"这一小节。

如果你不是很了解客户，可以单纯根据人口统计学特征进行市场细分。如果你有成熟的数据分析程序，就可以根据客户终身价值的大小或特定的用户画像等行为数据进行市场细分。

本地化

本地化介于细分和个性化之间。尽管本地化不涉及直接基于个人数据的个性化设置，但是将内容本地化以更好地符合当地情况，仍然是有效且值得提倡的方法。各个国家和地区具有不同的文化遗产，而同一个国家和地区也存在不同的种族和宗教，文化又有所不同。因此，当你发起全球性的圣诞活动时，请记住，并不是每个人都庆祝圣诞节。不如淡化沟通内容，用"季节性问候"替代"圣诞快乐"，你要考虑将市场进行真正的本地化处理，根据掌握的特定地区或国家的数据和知识，个性化地发送信息。你要考虑宗教信仰、气候区域、使用的（人类）模型来源等因素，使信息与客户匹配度最高，让最有可能庆祝白色圣诞节的客户收获问候，而让不太可能庆祝圣诞节（但很可能有几天假期）的客户获得"季节性问候"。

本地化策略需要考虑更实际的内容，包括实际上哪些产品适用哪些市场。此外，如果要在沟通中加入准确的促销内容和价格信息，就必须考虑不同的货币问题。

全球玩具公司乐高在向法国和德国受众中推行特定的活动信息时，就使用了本地化策略。针对德国受众，公司极具建设性地强调，让父子共同搭建乐高积木，一如父亲童年那样。但是针对法国受众，公司不能依赖营销童年的经历，因为很多客户都玩过竞争对手品牌摩比世界[①]（Playmobil）的玩具，因此公

[①] 摩比世界是源于德国，在世界各地畅销的拼组情景玩具。——译者注

司传达更有趣、更女性化的信息，与家庭里的母亲开展营销对话。

个性化

从广泛的意义来说，个性化通常意味着获得相关性。在与客户直接进行沟通时，必须要决定沟通或展示的内容，这就是个性化。换句话说，个性化就是沟通的具体内容。

决定要向个人客户展示哪类产品，这很容易做到，因为内容已经包含在产品目录里，但决定要给哪个客户展示哪类产品就比较棘手。如果你正在打造更具实质性或创造性的内容，就必须知道你需要设计多少个版本，以及完成这项工作所需的资源。如果你精通数据分析，就可以找到答案（见第三章）。

如果你正在接触健身俱乐部的会员，这些人存在退订的高风险（人工智能计算得出），那么根据客户所属的细分市场来定制个性化信息就很有意义。为了让这些客户重新活跃起来，公司需要针对年轻客户传递减脂增肌的信息，但针对老年客户发送的信息内容、论述点和语调都要有所改变。

公司可以根据数据分析或人工智能计算市场细分情况，确定如何对大量内容进行个性化设置。涉及产品层面的个性化时，应该使用人工智能帮助实现自动化的产品推荐。

触发

机不可失。如果必须在个性化和时机之间二选一，那么就请选择时机。在恰当的时间将相关信息发送给合适的受众，获得的效果几乎大于任何营销活动。由数据中的特定条件引发的一次性行动称为触发，例如，触发电子邮件、触发消息或触发流（在客户生命周期中的相同位置，发送多个关联的沟通消息给客户，就是触发流）。请注意，触发并不需要人为操作；人工智能模型会监视每位客户的数据，识别发送消息的合适时机，以及受众最容易接收信息的时机。上文已经介绍了大量相关的例子，说明如何在客户生命周期的合适时间触发相关沟通。

基于人工智能洞察的个性化服务

上文提到的关联策略主要是与发送给客户的沟通有关。但客户也可能主动找你，你会在入站渠道遇见他们。除了公司网站（上述策略也同样适用），员工还会通过网络聊天室、电话、实体会议等渠道，与客户在实体店、客服中心相遇。重要的是让员工知道公司在一般性对外沟通中使用的洞察，如此他们与客户沟通时，沟通内容就能达到相同程度的相关性。如果公司能将数字洞察与优质的传统服务相结合，再加上微笑服务，客户就会获得真正难忘的客户体验（有关该策略在零售业的更多应用，详见下文）。

第三章讨论的"下一个最佳行动"原则，在利用人工智能洞察进行个性化服务方面非常有用。"下一个最佳行动"是计算或者决定下一步要采取的行动，在最大限度上能促进客户关系。非创收行动，甚至是需要成本的行动（比如给体验效果差但没有投诉的客户发放代金券）可能比特惠活动更好，因为它降低了客户流失的风险，且从长远来看会带来更高的客户终身价值。在与客户交流互动以及与客户在店内会面时,"下一个最佳行动"尤其有用。

个性化和触发如何协作

如果你有庞大的客群和客户许可,以及大量的数据和洞察,就可以使用个性化和触发提高营销效果,比如,给健身俱乐部的新会员发送欢迎消息。发送的时机很容易把握。客户注册会员后,立即给他们发送第一条消息,内容可能包括会员制度的运作方式,以及如何利用会员身份最大化获得利益。你很可能会制定普适性的欢迎消息,包括如何加入会员俱乐部并预订课程、参加培训的重要性、如何选择预订私人教练、设定培训目标的重要性等内容。客户的反应可能很好,但是每个细分市场的反应存在不同。如果整体绩效指数为100,而细分市场B(可能是老年人市场)的指数仅为80,公司就可能需要增加这个细分市场的流量。问问自己,如何才能个性化内容、图片以及语气,提高这部分群体的流量(见表4.1)。

表 4.1 通用的欢迎流程绩效与细分市场的个性化欢迎流程绩效

	细分市场 A	细分市场 B
通用的欢迎流程	绩效指数:100	绩效指数:80
	细分市场 A	细分市场 B
通用的欢迎流程	绩效指数:100	—
细分市场 B 的个性化欢迎流程	—	绩效指数:100

选择策略

哪类策略最好呢？很遗憾，并没有直接的答案。如果你在获客方面遇到了困难，自然可以使用上文提到的一些策略，广泛地进行大众传播。如果你已经获取了大量客户，但是很难留住客户或者向客户销售更多产品，就可以着手开展这些行动：收集客户许可与数据、发现洞察、尽可能更多地个性化沟通内容并掌握沟通时机，无论你从每个客户身上获得多少数据，随着时间的推移，他们几乎都会接触到各种一对一、个性化和细分的大众传播信息。一个月内，客户会收到个性化的电子邮件、应用程序通知、经过细分或者一般性处理的新闻简报，但也会在电视广告、户外广告以及不太具有针对性的市场营销活动上看到你的品牌。

沟通渠道互联和集成的程度并非都一样，因此个性化程度自然会有所不同。秘诀在于找到进一步个性化但无法获利的点，也就是"拐点"。随着客群、客户数据、客户洞察的增加以及媒体的发展，对各渠道信息进行个性化设置会变得越来越容易，同时拐点也会不断发生变化。

◎ 一对一沟通是否有利可图

答案是肯定的，甚至能达到你不会相信的程度。但是这要求你大量征得客户以及潜在客户的许可，并获得丰富的数据，然后有效地使用这些资源。

一对一沟通和自动化背后的基础业务模型在很大程度上呈

现递增趋势。随着时间的推移，同样的行动会创造更多价值。例如，一旦运行程序，让它自动化发送欢迎信息，它就能日复一日地持续创造价值。因此，要最大化获得价值，部署多个自动化沟通系统的速度显然就变得很重要了。

经典的全渠道商业特色

除了前文提到的相关策略，还存在一些经典的特色服务，需要实体零售业的全渠道公司认真考虑。很多客户认为这些都是配套服务，但如果公司无法提供其中的大部分服务，就无法满足客户的期待。

◎ 退回实体店

如果不允许客户退货，不让他们将网购的商品退回到实体店，有什么比这更令人沮丧的呢？"对不起，网购退货是电子商务单位的业务，我们实体店不接收这类商品。"客户收到这类信息时会大失所望。公司可能需要调整激励结构以及部分物流的操作方式，使实体店接受网购退回的商品，但这种调整只是非常基础的。

◎ 点击—提货

点击—提货有时被称为线上购物—线下提货，它允许客户在线上下单，但在附近的商店提取货物。本书开篇就提到这种方式：黛比在诺德斯特龙百货公司提取线上下单的商品。如果实施得当，线上购物—线下提货模式可以显著提高线上转化率，并进一步提升店内销售额。但是，你要确保商店有能力应付这些到店提货的客户。你甚至可以考虑设立专区或指定员工来处理这些客户和订单。你还应该核查库存，确保店里有货。

◎ **无尽的货架**

实体零售店的库存自然有限，并不是所有产品都有各种型号和尺寸。聪明的全渠道零售商可以让客户在线上购买实体店的产品。如果没有特定型号的产品，销售人员仍然可以从网店库存中提取商品，直接给客户发货。有时，客户还可以通过店内的自助服务机自行下单。

◎ **拆分订单**

花两件商品的价格买到三件商品，这种优惠活动自然不错。但理想状况下，公司应该允许以下促销行为：客户可以在店里只提走两件商品，同时要求剩下的商品直接邮寄到家。

◎ **预订—提货**

这是点击—提货的变体，客户可以在拿到商品后再付款。这可以进一步提高转化率，但需要付出更多心血，因为它往往与传统的激励结构相冲突（销量从网店转移到实体店）。此外，它要求零售商留出库存，这对商店提出了更高的要求，需要它们精确管理库存，并对店内销售人员进行培训。

◎ **实体店发货**

严格来说，实体店发货并不是全渠道特色，但是值得一提。如果客户在网上订购，可以让当地商店发货并进行配送。

如果公司擅长库存管理，可以把销量差的商店作为商品发货地。实体店发货也可以避免很多问题，比如客户遇到的网店商品"售罄"的情况。

在实体店使用客户数据

除了上文提到的标准的全渠道商业策略，在客户还没有决定购买商品时，识别客户并获得全面的客户数字档案对于促成购买可以起到关键作用。客户在实体店体验过商品后，再去线上购买，这种行为叫作"展厅现象"，而客户在浏览网站后，再到实体店购买，这种行为叫作"反展厅现象"。

在全渠道模式的早期，零售商最害怕的是：客户光顾商店，消耗销售人员大量的时间，进行产品咨询，并尝试不同风格的商品，但最终没有在店内下单，而是回家后在竞争对手的网站上购买，因为他们发现对方的商品优惠更多。既然零售商无法阻止这种行为，不妨试着充分利用销售人员与客户面对面接触的优势。

从数字和实体渠道上获取的客户历史互动数据，以及从中得出的洞察，再加上只有面对面服务才能获得的客户即时反应、近距离观察以及亲密关系，以此为前提，无论客户以何种顺序使用渠道，都能为创造良好的客户体验奠定独特的基础。如果沟通和服务无缝衔接，即使客户改变渠道也能轻松延续之前的购买过程，最终就很有可能赢得客户的信任。

但是，解决方案并不简单。没有进行一些重大的集成工作，就不可能创造上述局面。全渠道可以提供的利益很多。记住，如果销售人员消极地对待客户，没有笑脸相迎，没有哪种数据洞察可以弥补这一后果。

许多大品牌已经尝试将技术整合到店里。但是，只有少数公司成功使用技术为客户提供更加个性化的服务。有几个公司不错，它们不是只利用科技搞噱头。

其中一个公司是宜家。客户在考虑前往实体店咨询销售人员之前，可以构建新厨房的布局图。他们可以先在舒适的家中登录宜家网站，做出很多选择与决定，将自己未来梦想中的厨房可视化搭配出来，并获得相关的价格提示。客户到访实体店时，销售人员会询问客户是否已经在线上操作过，之后帮助客户找到布局图里的产品，并利用专业知识帮助客户做出购买决定。这为每个人节省了大量时间，最终促成宜家销售更多的厨房设施。

另一个公司是国际时尚连锁店西服定制。客户首次访问商店时，店员就会为其测量尺寸，并储存相关数据，以供客户随时使用。客户想再网购一些该品牌的衬衫时，就会很放心，知道这些衣服很合身，或者客户在实体店想买一款适合他的新式晚礼服时，店里就有他的尺寸信息。西服定制存储并使用所有渠道的数据，使客户更容易购买到合身的衣服，就如同量身定制一般。

贴近客户，但别吓到客户

我们经常被问到，客户是否会被这些数据的使用而被吓到。客户被吓到通常是因为，虽然知道公司正在收集特定类型的数据，但可能没有意识到公司能利用这些数据做什么。公司根据客户的购买历史，在网站上给出个性化的产品推荐，大多数人对此并不会感到惊讶。但公司在收集其他类型的数据时比较隐秘，难以察觉，即使征得客户的所有许可，也仍然会吓到他们。比如第二章的例子：互联网电影数据网站隶属于亚马逊，这两个平台能共享数据。

要消除用户对数据使用的不安，应该做到以下几点。

- 考虑受众的年龄。客户年龄越大，就越可能认为个性化服务可怕（总体趋势如此，但视个人而定，存在很多例外）。
- 考虑触发信息的说明程度。如果沟通基于客户未提交的数据，但客户没有意识到这点，就淡化信息的来源说明，让客户觉得当前接触的信息更具巧合性。
- 考虑沟通渠道，并思考在该渠道为客户提供个性化服务，在多大程度上属于正常情况。例如，在展示型横幅广告或脸书上提供非常明显的个性化服务就很可怕。

结合商业规则与人工智能

算法和人工智能可能非常有助于扩展个性化沟通和消息。但是，不要过于依赖人工智能，认为它的建议天衣无缝。你需要人工评估实际效果，并且在使用人工智能时应用合适的商业规则。

人工智能若没有人为介入并结合商业规则，就可能发生一些始料未及的情况。人工智能强烈需要人类的监督。以我得心应手的设计（My Handy Design）公司为例，该公司依靠人工智能从互联网上搜索图片，并利用这些图片自动定制苹果手机保护套，然后在亚马逊销售。这就闹出了一些笑话，比如苹果手机保护套的封面是成人尿布，甚至还出现一些互联网上更不适合、更为黑暗的图片。

还有一个不太搞笑但可能比较常见的例子。有一家体育用品零售商，应用人工智能进行产品挑选，选择特定客户最有可能购买的商品。算法出色地完成了挑选工作，但所有的产品都是黑色。尽管从技术上来说，这些产品的选择可能正确，但是这导致给客户发送电子邮件进行产品推荐时，邮件在视觉上极其枯燥，无法激发客户的购买欲望。

在产品推荐上，总会有一些例外。例如，杂货店没有理由推荐人们购买牛奶，因为客户知道自己有无购买需求。或者你销售的产品是验孕棒等商品，在对其进行推荐时需要更谨慎一些。

渠道

描述并分类与客户进行沟通并为他们提供服务的所有渠道,这是吃力不讨好的工作。我们确信,六年后再次阅读这部分内容,那时至少会出现一种人人都认为必须使用的新式社交媒体。更多传统媒体会朝着数字化方向不断前进,或许能够在全新环境里识别客户。基本上,公司需要处理的媒体和渠道已经五花八门了,下文仅限于描述以下表 4.2 中列出的渠道。

表 4.2　各渠道及其描述

渠道	描述
电视	主要是电视广告(见"公关与影响者营销")
广播电台	主要是电台广告(见"公关与影响者营销")
纸质媒体	在传统上指分发到家庭的纸质广告以及报纸和杂志等印刷品的插页广告(见"公关与影响者营销")
户外	在公共汽车站、广告牌、建筑物的正面、海报区等设置广告
店内	公司商店网络(自有商店和店中店)的曝光,包括店内屏幕、客户电台、标识、客户询问员工等方式
包装	产品的包装、贴纸、瓶套等
活动	在特定时间、特定地点举办的活动,品牌是活动发起方或者促成者
客服中心	电话呼入或呼出活动,比如人工处理来电或拨打电话
展示型广告	出现在非公司网站的横幅广告;可以购买广告版面、实时竞价广告、再营销等,包括在脸书、领英以及油管等社交媒体网站上投放的广告

续表

渠道	描述
搜索引擎营销	在谷歌、雅虎和必应等搜索引擎上做广告
网站	移动端和电脑端的公司网站,既是销售渠道,也是营销渠道,包含产品信息以及丰富的内容,可用于内容营销和搜索引擎优化,公司博客也属于这一类
应用程序	公司的应用程序,例如通过苹果手机的应用程序商店或谷歌商店进行软件安装。应用程序包含可供用户使用的工具,如果征得客户许可,还可以将其作为推送的渠道。其优点在于,可以征求许可,要求访问用户安装的其他应用程序,如日历、图片库、相机等,以此获取客户的其他信息
短信	公司发送以及接收的短信,以此收集数据并发起其他方式的沟通
电子邮件	系统化的电子邮件,如新闻简报和触发电子邮件,以及与客户沟通的人工邮件
直接邮寄	主要包括公司的服务型信件和直接邮件
社交媒体	包括脸书,推特,领英,油管和照片墙等平台,可以说是最具活力的渠道。以前社交媒体平台只有聚友(Myspace),之后出现了谷歌+(Google+)、缤趣(Pinterest)、快照(Snapchat)等。现在发展出付费媒体、自有媒体等。社交媒体是病毒式营销的孵化器,特别是当拥有庞大的媒体预算和合适的影响者去传播或付费传播信息时
公关与影响者营销	与其说公关是一种渠道,不如说是一门学科。它涵盖在其他媒体上提及和(或)谈论的公司故事和产品,无论是受中央控制的媒体(如电视)、报纸或杂志,或者社交媒体上有影响者的媒体渠道。数字公关的优势在于,经常包含公司网站的链接,这会促进公司的谷歌排名

续表

渠道	描述
设备	设备是相对较新的渠道，包括通过客户购买的数字化产品与客户进行互动，例如与特斯拉汽车的沟通，或者来自苹果手表或乐活手环的通知。它还属于新兴的渠道，但是值得热切追踪
聊天机器人	聊天机器人也是一个比较新的渠道。它是处理客服问题等类似情况的自动化机器人。它们或多或少受到简单算法和人工智能的支持。人工智能使用自然语言处理和庞大的知识库，使它们能针对最常见的问题给出正确的答案。随着人工智能和算法的成熟，我们可以想象，在未来，相比于新雇的客服人员，客户更喜欢与机器人交流

要成为真正的全渠道公司，是否每个渠道都要有所发展

根本没必要让公司出现在所有渠道上，这种方式消耗成本，很难获利。如果你能在一些渠道上提供完整的客户体验，请将使用范围缩小至这些渠道，不要只是为了"露脸"而遍地撒网。不同市场和区域要使用不同的渠道。例如，在中国需要使用微信渠道，在欧洲就没有必要。

各渠道有何不同

很难评估各渠道在客户旅程中扮演什么角色。为了帮助思考，本文将讨论当今媒体的现状、媒体的发展方向等问题，以帮助区分各渠道，并确定优先次序。

◎ 付费媒体、自有媒体和赢得媒体

近年来，付费媒体、自有媒体和赢得媒体（earned media）的概念已经得到普及。每次你要吸引别人去关注品牌和产品时，基本上，你就要选择在多大程度上使用付费媒体、自有媒体和赢得媒体。第一章简要介绍了媒体。下文将更详细说明。

毫不意外，付费媒体就是公司必须付费才能向特定目标群体发布信息的平台。传统电视、报纸和户外广告很自然属于付费媒体。付费媒体通常存在某种细分，例如，要在哪个电视节目或哪个行业杂志上播放广告。要慎重选择户外地点投放广告，这也基于细分市场。

付费媒体还包括很多数字广告平台。尽管我们可以通过重新定位（通过展示型广告再次接触网站用户）和找到双重受众（与原先客群具有相似网络行为的受众）使其非常智能化和个性化，但所有线上横幅广告仍然是付费媒体。同样，尤其是谷歌广告词，它已经成为许多广告主的一大支出，并且没有迹象表明这种情况会改变。

赢得媒体就是赢得品牌口碑的媒体，包括新闻报道、社交媒体、博客，以及（有人提到）谷歌的有机搜索流量（不包含付费的谷歌广告词）。许多人认为，在脸书、推特和照片墙上获得的曝光也是赢得媒体。每次别人觉得你的内容值得分享，你就会赢得声誉。

糟糕的是，即使你已经花了大笔钱，想让客户在脸书上"点赞"或者在推特上关注你，也只能将帖文推广给小部分群

第四章
沟通与服务

体。分析显示，你的脸书"粉丝"中只有不到 5% 的人能看到你发的特定帖文，除非付费推广，让更多"粉丝"看到信息。但是，这已经超出了赢得媒体的范畴，变成付费媒体了。

自有媒体是无须付费就可以控制并使用的渠道，包括你与客户以及潜在客户的所有现有接触点。第一种是所有的入站媒体或拉式媒体（pull media），也就是在你接触客户，给他们发送消息前，吸引客户上门的媒体。店面、店内布局、店里的电视或网站等都是自有媒体。第二种是出站媒体或推式媒体（push media），通常包括电子邮件和客群。如果你的自有媒体比较先进，那么还可能包括移动许可，以及应用程序推送通知，通过客户已经安装的应用程序给他们推送文本消息或其他消息。客服中心既可以是入站媒体，也可以是出站媒体。直邮件也属于自有媒体，但是每封直邮件的成本很大，它是否属于付费媒体，这一点仍有争议。

◎ 连接的渠道与未连接的渠道

无论渠道有无连接（比如渠道是否与营销生态系统的数据相连接），都会对实现真正的双向沟通产生重大影响。没有连接的渠道也能提供良好的曝光，并鼓励跨渠道互动。它可以是包装上的二维码，或是邀请客户发送短信，编辑特定短代码发送至特定号码，或是让客户在浏览器输入特定网址。除了少数例外，传统媒体通常没有连接的渠道，比如电视、广播、印刷和户外广告。

毋庸赘述，数字渠道比模拟渠道更具连接性。但是，媒体机构使用的匿名 Cookie 网络和数字自有媒体构成的整个个人营销生态系统之间，存在明显的分界线。广告商确实可以将横幅广告精准发送给特定的个人群体，但由于法律问题，媒体机构的 Cookie 系统无权获取他们的真实身份。因此，从付费媒体的潜在互动中获取数据，并将信息整合到自己的生态系统中，这通常是不可能实现的。你可以从脸书等媒体生态系统中整合多少信息也存在限制。毕竟，广告商最感兴趣的是在自己的渠道上与客户保持对话，最好（从它们的立场来看）与某种形式的付费广告有关。尽管许多渠道仍然不具有连接性，但随着越来越多的渠道被数字化，这个领域正在发生变化。

◎ **精准推送消息的可能性**

与模拟渠道相比，数字渠道通常具有更大的潜力，可以将信息精准发送给细分市场或个人。直接邮寄可能是个例外，因为制作信件的起点往往是数据库，每封信件都要基于大量的邮件数据，要将各种个人信息和消息合并处理。网站、电子邮件、短信和应用程序等数字渠道，精准推送消息的能力很强，但个人运营的媒体（如客服中心、客户服务、社交媒体和店内服务）也具有完全个性化以及精准推送的潜力。推送信息时，其准确度取决于渠道的连接程度。

◎ **推式沟通与拉式沟通**

渠道是否允许公司积极地向客户推送消息，这一点存在很大的区别：你是只能祈祷客户碰巧来访，还是能积极地吸引他们的注意？

第四章
沟通与服务

在推式沟通中,各渠道触及客户的程度不同。手机上嗡嗡作响的通知能获得客户最大的关注。公司脸书主页上没有购买广告推广的帖子也属于推式沟通。但是正如前文所说,脸书将帖文推送给"粉丝",是因为网站算法得出,此帖文与"粉丝"的相关性足够大。

在拉式沟通中,网站对客户的吸引程度最高。如果网站上有优质内容,能够发布用户真正感兴趣的东西,就能在谷歌上获得大量免费的有机搜索流量。如果网站的文本和图片内容质量高,说明性强,用户想要分享、提及并链接到它,就会再次提升网站的谷歌排名。总之,你需要在谷歌关键字上做广告时,你的网站排名越高,所需支付的广告费用就越低[1]。谷歌搜索也属于拉式媒体,因为创造多少流量受限于客户搜索量。但是,谷歌关键字广告比网站的推送程度高,因为你可以自由选择在哪些搜索词上打广告。

◎ **自动化沟通**

如果你想实现一对一的个性化沟通,并把握发送时机,而不是淹没在人工作业里,就应该考虑自动化操作。如果你需要向100万个客户手动发送个人短信,是无法获得长远发展的。

电子邮件、短信、应用程序通知和网站内容的个性化设置

---

[1] 谷歌关键词广告的排名,取决于质量得分以及商家愿意支付的点击费用,而质量得分又取决于网站加载速度、相关性、预计点击率。同等情况下,如果质量得分越高,那排到第一所付出的费用就能降低。——译者注

等，完全有潜力实现自动化，以你能想到的全部方式实现自动化沟通。主攻自动化市场的几个主要公司，都可以提供自动化沟通工具，协调跨渠道沟通。你应该认真对待自动化问题，尽早开始部署。

自动化也可以用于搜索引擎营销（关键字广告）、展示性横幅和社交媒体。电视、印刷媒体和广播目前比较难实现自动化，但它们又逐渐开辟了媒体曝光购买的新途径。更多相关信息，请阅读下文营销技术栈部分。

如何管理所有的渠道

上文清楚地谈到，大型客群在不断变化渠道。想要管理与这些客户的沟通，同时为每个客户提供相关性最高的内容，你需要考虑很多问题。

◎ **为市场营销和客户关系管理团队提供集中管理的数据**

正如第二章所述，为了获得全渠道成功，你需要具备的其中一个核心因素是向市场营销和客户关系管理团队提供集中管理的数据。实现这一目标的方法有很多，其中部署客户数据平台和数据管理平台很重要。一些营销中心也具有这种功能。部署这类系统能使市场营销和客户关系管理在使用数据以及利用数据进行实验时更加自由。它们能够将动态的目标群体与受众结合起来，以实现特定目的、启动自动化流程、开展活动、进行详细的市场细分，但是要取得全渠道成功，数据只是一部分因素。

◎ 集中管理信息

　　集中存储数据很重要，但是数据本身并不能取得任何成效。只有把数据和关键信息结合起来，然后把得出的结果传递给合适的受众，才会产生不同的效果。我们必须区分信息和内容。"信息"是指一些创造性的内容（文本、图片和视频的组合），旨在激发观众的兴趣，并引导他们去购买产品、阅读更多相关信息、执行特定行动等，去做原本不会做的事情。"内容"是指丰富的文章或信息，通常存储在内容管理系统中。

　　糟糕的是，信息往往创建并保存在每个沟通渠道的管理系统中。文本信息的文字创建于短信系统，电子邮件的文字和版式创建于电子邮件系统，网站上的个性化内容创建于内容管理系统，等等。这使创建、协调、分发与报告工作极其烦琐。如果你选择在元层面集中创建并存储这些信息（在数据分配给单个渠道之前），那你就会在全渠道营销中更好地使用数据和洞察。通过这种方式，你可以灵活地使用消息，适应多种沟通渠道，呈现不同版本或主张的个性化内容。只有极少数的工具能做到这一点，但是你在整合营销技术栈时，要注意这种可能性。

一直在做的事和从未做过的事

　　这一节的标题描述了向新营销模式过渡时会面临的挑战。即使你能正确处理所有的新事物，也就是能思考、构建并部署基于触发器和相关沟通的大型项目，并尽可能为员工提供与他们比较相关的正确工具和见解，也总有一些客户（或潜在客户），你很少能掌握他们的数据或根本没有数据，因此基本上无法为他们提供相关内容。这是否意味着你应该停止大众营销？全渠道营销的弊端在于，它并不能让你免于大众营销，从你一直在做的事中解脱出来，至少在可预见的将来是如此。相反，它会增加你的工作量，让你执行可能既不熟练也不自在的工作。所以，如果你已经忙得不可开交，几乎是不可能取得全渠道成功的。市场营销肯定需要更多资源以及信息技术。

积累营销技术栈

是的，你需要新工具。本节中重点介绍了在设置营销技术栈时最有可能遇到的一些专业名词（两个或三个英文首字母的缩略词）。本节关注与全渠道营销相关的主要类别，但无法穷尽式列出。因为这些类别在很大程度上存在重叠，而且许多系统同时包含多个类别的元素。请注意，第二章已经介绍了客户数据平台和数据管理平台。

客户关系管理系统

客户关系管理系统是为 B2B 环境而创造的老式系统。在 B2B 中，销售人员会广泛注意到客户以及与客户谈论的内容。更具体来说，客户关系管理系统包含联系人、线索、机会、活动和任务的信息内容，主要用于支持销售人员和客户之间进行一对一的联系，其中一些系统已经发展出电子邮件营销的基本功能。

营销自动化平台

创建市场营销自动化平台主要是为了尽可能较多地向终端客户自动发送对外沟通。这些平台通常设有内置的电子邮件营销功能，用于活动沟通以及自动化沟通。营销自动化平台几乎是 B2B 潜在客户生成和潜在客户培育的同义词。请注意，在北欧，该平台同样经常被视为 B2C 产品，涵盖多渠道营销中心的大部分特征（见下文）。

多渠道营销中心

多渠道营销中心是高德纳（Gartner）咨询公司的平台，其功能包括在终端客户层面（活动和自动化）进行细分、沟通和报告。顾名思义，多渠道营销中心能在多渠道上执行这些任务。这个平台在高德纳咨询公司生态系统外，并不经常使用。

需求侧平台

需求侧平台是数据管理平台上的工具，允许公司（那些有广告需求的公司）控制自有媒体购买、广告和数据交换。需求侧平台包含多种购买广告的方式，如程序性购买、实时竞价和再营销。

内容管理系统

内容管理系统大体上是指建立并维护网站及其内容的系统。许多内容管理系统商认为该系统的核心已经商品化，并且属于与客户体验更加密切相关的技术类别。但是，这类系统的核心优势仍在网站和管理上。

社交媒体管理

社交媒体管理工具能集中管理多个社交媒体网络和账户，其功能包括分发内容、监听特定关键词、管理付费社交媒体（社交媒体广告）以及报告帖文和活动。

影响者关系管理系统

传统媒体（如电视和平面媒体广告）的影响力在下降，影响者关系管理系统越来越受到欢迎。影响者是指在照片墙、脸书、油管和推特等社交媒体网站上拥有大量"粉丝"的个体。该系统可以帮助公司发现并选择相关影响者，共同推销产品、理念或特惠活动，还可以帮助公司接触影响者，开展宣传活动并获取营销报告。影响者关系管理系统尤其适用以时尚和生活方式为导向的行业。

数字资产管理

数字资产管理系统旨在集中控制并管理营销资产，以支持使用各营销功能。这种平台经过优化，可以存储和提供大量丰富多彩的内容，并支持集中管理这些数字资产所需的工作流。

营销资源管理

营销资源管理系统旨在尽可能有效地控制并管理营销过程的员工、供应商、代理商和资产。

什么是营销云或体验云

大部分营销云或营销套件通过收购之前基础类别中最优秀的供应商，然后整合而成。虽然这些公司承诺要充分集成这些基础系统，整合成一个平台使用，但事实往往并非如此。这些最优秀的供应商通常很容易挑选营销套件中功能良好的部分，让它们在不同的营销云生态系统中工作。

沟通与服务成熟度

所以，什么代表了公司在沟通和服务中使用数据和洞察的成熟度呢（见图4.6）？

高成熟度

高成熟度公司致力（从人类和人工智能的角度）尽可能多地了解客户和潜在客户。这对它们在全部渠道上与客户进行沟通，并为客户提供服务的方式有重要影响。这类公司在实体

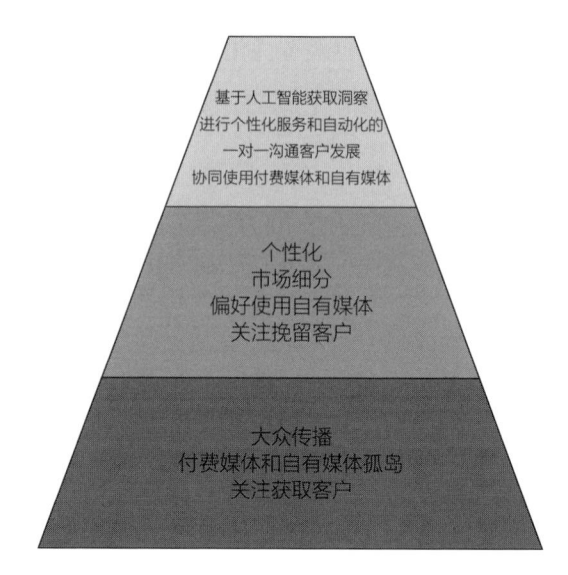

```
                ┌──────────────────┐
                │  基于人工智能获取洞察   │
                │ 进行个性化服务和自动化的 │
                │  一对一沟通客户发展    │
                │ 协同使用付费媒体和自有媒体│
            ┌───┴──────────────────┴───┐
            │          个性化           │
            │          市场细分          │
            │       偏好使用自有媒体       │
            │        关注挽留客户         │
        ┌───┴──────────────────────────┴───┐
        │           大众传播                │
        │       付费媒体和自有媒体孤岛         │
        │          关注获取客户              │
        └──────────────────────────────────┘
```

图 4.6　沟通与服务成熟度

店内以及通过客服中心，为客户提供基于数据信息的个性化服务。同时，它们不断致力推出基于数据和洞察的、更具自动化的个性化沟通方式。它们关注从一对一视角开发所有的客户关系，客户在生命周期中的位置决定了公司的下一步行动。付费媒体和自有媒体的使用具有完全的协同作用。

中等成熟度

中等成熟度公司仍然主要关心以公司为中心的活动计划，以及如何在自有媒体和付费媒体上更有效地开展活动。为此，这类公司使用数据和洞察来细分市场，并在活动中为客户提供个性化沟通。

此外，它们还树立长期目标，逐步积累数据和客户许可，以便根据客户的生命周期进行自动化沟通。它们利用自有媒体和付费媒体进行营销，但将其视为两个独立的媒体，并未实现两者的最佳协同作用。

低成熟度

低成熟度公司是不擅长在沟通中应用数据和洞察的企业。它们主要通过大众传播，使用付费媒体来创造客户需求，并刺激后期销售和客户访问。

第五章
绩效分析

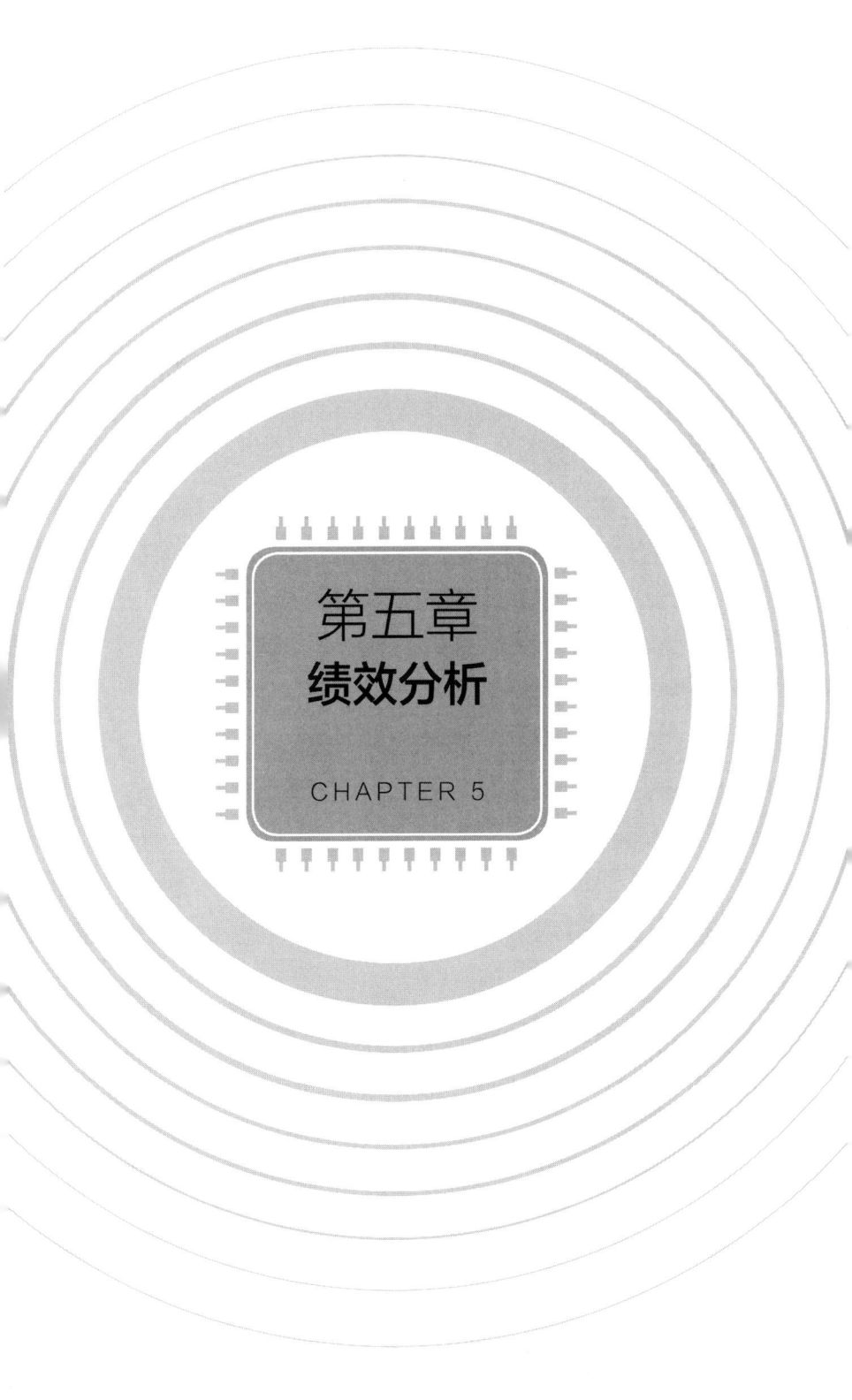

CHAPTER 5

第五章
绩效分析

如果你正在进行全渠道营销，并想追踪它是否有效，可能必须要监控与原先不同的评估指标。进行绩效分析时，评估客户类指标也同样重要（见图5.1）。

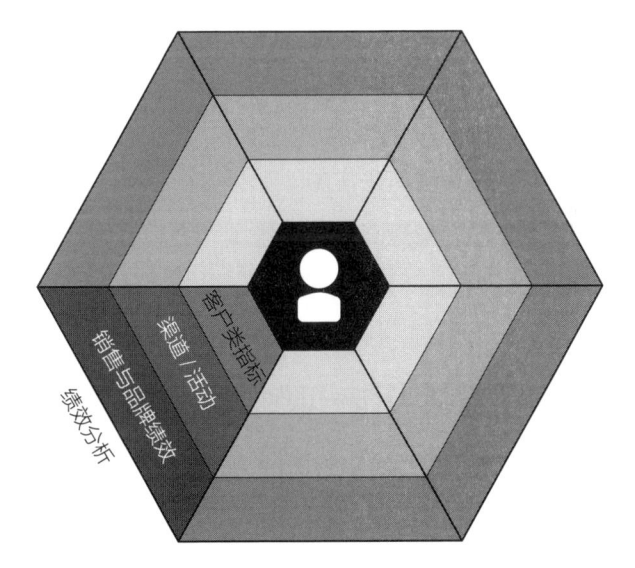

图 5.1 绩效分析成熟度

拉斯姆斯是挪威电信的数字销售经理。在过去几年，挪威电信一直在积极主动地推行全渠道战略，每个员工都热衷从全渠道而非单一渠道视角看待业务。

拉斯姆斯思考，如果让客户线上下单，到店里提货时再付款，转化率是否会更高？他查看网站数据时萌生了这个想法。挪威电信首次提出能让客户店内取货（线上购物、线下提货），当时并没想到会有这么多客户响应。如果客户喜欢这种模式，让他们选择线上下单、店里付款会怎样？

在挪威电信还没进行全渠道转型前，拉斯姆斯永远也不会有这样的想法，因为店内付款意味着将线上的销售转移到线下实体店。如果他看重数字渠道的销售业绩，那么这个想法实际上就会适得其反，至少对担任数字销售经理的他很不利。但对于挪威电信而言，这主意不错。

他和经理探讨了这个想法后，达成共识，决定尝试一下，由拉斯姆斯组建一个团队来实施。如果实验结果不错，挪威电信就会采用这个方案来提高公司销售量，之后再处理绩效分配和奖励问题。

为什么把绩效分析当作一项独立的策略

挪威电信的例子说明，公司在分析绩效时关注客户面的指标，这表明它在以不同的方式作决策。在进行全渠道转型之前，拉斯姆斯只会选择去优化部门所在的渠道。即使从雇主的角度来看，店内付款也是糟糕的决定。但是现在公司在进行全渠道转型，他掌握了相关知识，也能应用绩效指标，这证明他为挪威电信做出了正确的决策。很重要一点是，他相信经理会调整自己的个人奖励计划，将实验产生的收益纳入他的绩效考核中。

从数据分析可知，如果挪威电信的不同部门不再只关注各自部门的目标和指标，而是关注客户面的指标，每个人就可以得到更多利益。现在的客户不会只在单一渠道上与公司交流，他们会选择各种便利的渠道沟通。在某种程度上，客户正在跨越渠道，因此评估指标也应该相应作出改变。如果不用客户面的指标衡量业绩，你又怎么知道你成功进行全渠道转型了？

下一个问题是，在更新数据和目标方面，你的企业文化有多成熟？大多数组织基于陈旧的"真理"和直觉做出决策。只有具备知识的人，才有巨大的价值；靠信仰和直觉行事的人，并无价值。正如著名统计学家爱德华兹·戴明（Edwards Deming）所说："没有数据支撑，你就只空有观点。"

不断更新正确数据很重要

日常生活的数字化加强了交流，进而加快了我们提升自己、发展商业、改变世界的速度。如今，以下情况时有发生：消费者更快、更频繁地改变消费习惯；竞争对手突然推出强有力的产品；亚马逊决定在你所在地区开设产品展厅[1]并提供次日达服务；竞争对手推出一项全新的数字服务，使你处于被动地位。

你所在的世界正在以前所未有的速度发生变化。你可能很想知道，决策者是否有足够的洞察力，能够评估潜在的营销活动所带来的效益。如果决策者不了解历史记录信息，又没有更新知识，就会做出糟糕的决策。

---

[1] 门店仅提供产品展示与陈列，不设库存，消费者确定购买后需要从线上下单。——译者注

一旦做出决策，开始启动项目，就有必要跟进并评估项目带来的影响。进展是否如你预期的那样？最新数据如何？

绩效分析必须有助于评估并优化业务绩效。这一点不仅适用高级决策者，也适用各层级、各职能的所有员工。想象一下这种情况：你能让全体员工基于最新的相关指标，做出知情决策。[①]

员工的绩效分析

从个体员工来看，绩效分析是记录员工付出额外努力后取得收效的重要分析。绩效分析能真实反映员工的工作表现，也能让员工了解自己是否做出了正确的决策，以便在以后做得更好。

公司的绩效分析

公司必须有效地进行绩效分析，以便在预算范围内更好地运营。在启动项目以及确定执行方案时，企业必须运用绩效分析做出积极的决策。此外，企业在编制年度或季度预算，将资金分配给组织内的各个成本中心时，也应该进行绩效分析。

本章将绩效分析视为一项重要的全渠道营销策略，首先讨论你要评估什么，其次关注绩效分析中更普遍的话题，再次讨

[①] 即通过数据处理和分析产生信息使决策者在知情状态下做出决策。
　　——译者注

论在业务中过度关注数字可能带来的危害，最后从全渠道视角总结绩效分析高成熟度的特点。

你应该评估什么

根据所在行业和部门，监视各种相关指标，这是恰当的经营行为。本章重点讨论与销售、品牌以及客户相关问题的关键绩效指标，不探讨供应链、生产效率、相关成本等指标。

本章关注全渠道六边形模型的绩效分析策略，将其分为三个成熟度，从外层到内层，绩效分析的成熟度逐渐升高，我们逐一对其进行深入探讨。

低成熟度——销售与品牌绩效

◎ 销售数据

评估营业额和财务状况是公司的法律义务。你可以在全渠道六边形模型成熟度的最外层找到这个关键绩效指标（销售业绩）。通常，公司每年至少评估一次营业额。商店通常按日统计营收，评估当天营业的情况。企业通常按月以及按季度统计收入，并对比本财政年度当前的计划预算，看看业务经营是否还在正轨上。

公司通常要统计每个销售渠道的销售额，以提供更多洞察，并把这个销售额作为对照参数。商店的营业额有多大？这块区域的营业额有多大？你在 B2B 和 B2C 的支出有多少，公司的营收有多少？项目进展是否与预期一致？

◎ **市场份额**

在市场饱和且无法显著增长的行业和产品类别中，相关公司通常使用市场份额表示绩效，比如汽油供应商和公用设施公司等相关行业就是如此。

◎ **品牌知名度**

品牌知名度或品牌熟悉度是衡量品牌出名程度的常用指标。你可以通过消费者问卷调查对品牌知名度进行量化。衡量品牌熟悉度通常是评估在未提示情况下，提及品牌的受访者比例，即品牌的未提示知名度[1]（例如，"你能说出什么软饮料品牌"）或者评估在提示情况下，提及品牌的受访者比例，即提示知名度[2]（例如，"你知道百事可乐吗"）。

特别是在推出新产品时，广告活动在多大程度上有效地让客户产生印象，品牌知名度在评估这一点上具有重要作用。驰名品牌也在保持品牌知名度方面也发挥了巨大作用。品牌知名度是快速消费品的一个重要参数，因为这些产品的客观标准差别不大。例如，可口可乐和百事可乐的味道差不多，所以客户的选择取决于最经常接触哪一个品牌，以及与品牌的联系程度。

---

[1] 在未经提示的情况下，可以主动记忆的品牌或广告信息的消费者占所有消费者的比例。——译者注

[2] 在经提示的情况下，可以记忆品牌或广告信息的消费者占所有消费者的比例。——译者注

◎ 品牌认知

接着我们来探讨品牌的认知过程。客户接触品牌时有什么想法，这一点当然有价值。品牌认知与品牌知名度相同，通常是通过客户调查进行衡量，包括调查受访者如何描述品牌，以及对品牌价值有什么认识。公司通常在不同的细分市场上衡量品牌认知，并与竞争品牌进行比较。

相比于其他品牌，这个品牌有哪些积极特征？当提到这个品牌时，客户是否联想到了什么？

研究表明，在更喜欢可口可乐还是百事可乐这个问题上，品牌认知会产生重大影响。一次盲品调查结果显示，50%的受试者都更喜欢百事可乐；但是如果告知受试者哪一种饮料是可口可乐，四分之三的受试者会突然更喜欢可口可乐。通过脑部扫描还可以得知，当受试者知道在喝可口可乐时，大脑中的其他区域也被激活了，大概是因为他们之前接触过可口可乐的品牌。

中等成熟度——渠道和活动

为了让绩效分析发挥更多作用，有必要加大关注每个渠道的销售和特定客户体验。聚焦特定渠道是传统组织分工的自然结果，把销售目标按单位细分，每个渠道都有其独立的活动和目标，这也使优化运营成为可能。你也可以在渠道和活动层面上衡量品牌知名度和品牌认知。公司有必要在开展特定活动或利用特定渠道与客户进行互动后，衡量客户的品牌认知，以此评估这些活动对品牌知名度带来的影响。

◎ **客流量**

公司在数字渠道上真正站稳脚跟之前，需要会评估店内的客流量，同时还要确定特定地区的租金价格，并分析商店绩效。特殊日子的客流量有多大？与销售额相比如何？转化率如何？更多转化率的信息请参见下文。

◎ **曝光、访问、页面浏览、互动与接触**

鉴于品牌曝光可以增加品牌熟悉度，并有望提高人们对品牌的认知，公司有必要根据特定媒体的特定营销行为或活动，衡量品牌曝光以及客户与品牌互动的次数。

横幅广告的曝光次数通常是以千次计，即千人成本，其中一点是因为客户已经普遍不再点击横幅广告。我们的基本假设是，曝光越多，广告效果越好。如果你是广告主，确信广告覆盖的目标群体是合适的宣传对象，那曝光就能呈现出额外的质量维度。比如，如果主营女性生理用品的品牌护舒宝，面向男性用户进行品牌曝光，那完全是在浪费钱。

在过去，公司并没有经常衡量网站的访问量。但今天，在网站上安装谷歌分析等脚本已经是标准化操作了。我们猜测，你公司的网站已经安装了这种脚本。如果还没有，请马上去安装，没有借口推脱了。

公司需要衡量社交媒体上特定视频或帖文的浏览量，以及覆盖的人数，也就是信息触达的人数。人们认为，用户点击并评论品牌内容，能够提高品牌认知。此外，点击和评论使社交媒体更可能将内容推送给更多用户，增加曝光的覆盖面。社交媒体的排名算法会考虑互动指标。当互动指标呈爆发式增长时，就是病毒式营销了。

今天，如果没有大额的媒体预算，就很难实现病毒式营销。数字业务部门经常努力优化客流量、访问量、浏览量、互动量和触达量，但这些新指标可能会产生不良影响，并疏远业务中数字化程度较低的部分。首席执行官很难判断公司脸书页面上的某个行为是好是坏，尤其是当其对销售不会产生直接影响时。

◎ 征得营销许可的客户数量

第一章详细介绍了营销许可。简单来说，营销许可包括脸书、推特、照片墙和领英的"粉丝"、电子邮件和移动设备许可。

公司获取的营销许可数量会直接影响你接触多少客户，也就是你无须支付广告费，就可以直接接触的客户。因此，公司很自然会密切关注这个指标。

公司可以通过打开率和点击率等数据，优化电子邮件营销活动。因为在某种程度上，客户打开邮件或点击邮件就很可能进行购买，或者说，至少提高了品牌的知名度，增强了品牌认知。

◎ 购物车系数、转化率和转化提升

在电子商务中，传统的衡量指标是购物车系数，也就是购物车中的平均商品数量有多少？当你的目标是优化交叉销售和追加销售时，查看购物车系数就很有价值。你是否可以通过某种方式增加购物车规模？比如对购买金额超过 100 欧元的客户免运费，或者让客户接触到与购买产品相关的商品。

公司应该关注的下一个指标是转化率，特别是在电子商务中，公司肯定需要追踪并优化这个标准指标。转化率是完成购买行为的次数占访客量的百分比。10% 的转化率表示 10 个网站访客（或到店访客）中有一个人购买。网站的转化率一般在 0.2%~30%，这取决于出售的商品是什么，比如是奢侈品还是火车票，以及客户访问网站（商店）时的购买意愿。

公司通常会在每个流量源测量转化率。例如，社交媒体或谷歌的流量转化率是多少？相比付费媒体，谷歌自然流量的转化率如何？我们马上就可以得出合理的结论：要多使用转化率最佳的流量源。但是，只关注并思考最佳转化率会陷入一些困境。本章稍后会再次谈及这个问题。

转化率优化问题现在本身就属于一个领域。该领域已经有先进的工具，比如谷歌实验（Google Experiments）等，帮助提升转化率。网站管理员可以利用这些工具，实时测试哪种版面设计（如何组合文字和图像）能带来最佳转化率。

如果网站流量足够大，公司就可以持续且系统地对客户的整个购买过程（从首页浏览到最终付款）进行彻底优化，以获得出色的转化率。有关转换率优化的文章和书籍不计其数，所以本书不再详细讨论这一点。但我们确实认为，让企业不断优化解决方案和措施，这是成功的关键。更多的相关内容，请见

第六章。

线上活动会带来积极的影响。公司发起特定的线上活动，会使另一渠道的客流量增加，从而大大增加销售额。例如，线上零售商萨克（saxo）通过电子邮件发起活动，发现其他流量源的销售额显著增加。这就是所谓的转化提升，让我们进入下一个话题。

◎ 多触点归因

多触点归因是不仅将产生的营收归功于"最后一次点击"，还归因于客户与品牌的多个触点。

一段时间内各渠道带来的影响力，确实会促使客户更快做出购买决定。我们几乎无法获取客户与品牌每一次互动的数据，也无法确定是否每一次互动都能促使客户访问网站，甚至是访问其他数字渠道。

"最后点击归因"旨在寻找客户决定购买前做的最后一件事（最后一次点击），并将所有销售归因于流量源。虽然带有品牌名的搜索关键词通常具有较高的转化率，但实际上客户可能早已做出购买决定。他们可能在其他较难衡量的渠道上接触过品牌，才想要购买这一品牌的产品。因此，专注于优化流量源，以获得最佳转化率，这一措施存在缺陷。你应该避免这样做。

谷歌在谷歌分析中采用"多渠道漏斗"报告[1]，在一定程

---

[1] "多渠道漏斗"报告可以展示各营销渠道（即网站流量来源）如何共同发挥作用来实现销售和转化。——译者注

度上解决了这一难题。谷歌可以提供可视化服务，展现各个营销渠道（即网站流量来源）如何共同发挥作用，以实现客户购买。但是，很难要求客户多次访问网站。因此，增加多触点归因中的触点数量会越来越难。

◎ 销售模式

虽然有趋势表明，越来越多的沟通渠道实现了数字化和相互连接，但我们无法完全确定个体客户在一段时间内都接触了哪些渠道。例如，我们很难追踪在公交车站、杂志、网络或电视上投放实体广告的效果。

为了更好地解决这个问题，媒体机构通常会开发先进的销售模式，更准确地描述各个渠道对销售的贡献。例如，搜索引擎营销的实际绩效（如谷歌关键词）与谷歌分析报告或者雅虎分析报告并不符。我们很容易证明这一点：在电视和户外投放活动广告，都会增加搜索引擎营销的流量转化率（虽然谷歌关键词并无变化）。毋庸置疑，电视广告确实对搜索引擎营销起到一定作用，但谷歌基于利益考虑，并不会强调这一点。

虽然数字机构谴责媒体机构创造销售模式是为了销售更多广告。但不可否认，所有渠道的品牌曝光都会带来效益。这与漫长的转化路径有关，但无论这些渠道是否数字化，是否可测量，都会产生影响。丹尼尔·卡尼曼（Daniel Kahneman）的著作《思考，快与慢》（*Thinking, Fast and Slow*）深刻地说明，即使是最简单的品牌曝光也会影响我们的行为。

这些销售模式很先进。公司线上和线下协同投放广告时，有必要结合销售模式，否则就很难了解各个渠道对销售的贡献。但是，很少有公司建立每日或每月优化的销售模型。尽管如此，这些销售模型还是有助于追踪重要活动的成效，或者决定渠道策略以及付费媒体的预算。

高成熟度——客户特别指标

销售和沟通渠道的关键绩效指标有助于优化每个组织单元（孤岛）的渠道。销售模型是帮助你规划媒体购买的出色工具，但是还有其他将客户置于分析中心的指标。

越来越多的零售商正在采用这种方法。例如，诺德斯特龙百货公司的首席财务官安妮·布拉曼（Anne Bramman）在公司2017年第四季度收益报告中指出："我们越来越通过诺德斯特龙百货公司和诺德斯特龙折扣店这两个品牌来管理业务，而不是通过渠道。具体的做法包括在进行绩效评估时，不再关注传统商店的指标，而是使用与客户互动更相关的指标。"

在未来，以客户为中心的公司都会使用这个指标。

◎ **吸收新客户**

除了衡量销售额和订单数，公司还应该计算新客户的数量。所有研究都表明，向老客户再次销售产品比获取新客户更容易，支出的成本也更低。

如果没有数据确定这些客户是新客户还是老客户，建议你在客户注册会员时加以询问。已经有大型零售商采取这种办法了：大部分会员在加入俱乐部的第一年，都称自己是品牌的新客户。为了正确评估吸收新客户的情况，公司必须能够识别所有渠道的客户。

◎ 客户流失

对于采用订阅式商业模式的企业而言，客户流失率是常见的关键绩效指标。客户流失率是指在一段特定时间内，取消订阅或不再续订的客户的比例。这种类型的公司很容易衡量客户流失率，因为公司有记录客户订阅的结束日期。零售行业比较难测量客户流失率，因为这种公司常常采用回购倾向或者回购概率进行评估。如果客户一年内回购的倾向是 20% 或者更低，就可以确定该客户流失了（该比例视行业而定）。

◎ 客户终身价值与客户忠诚度

客户终身价值是指客户和企业关系存续期间，客户为企业产生的净利润。保罗·法里斯（Paul Farris）和同事合著了《营销指标》（Marketing Metrics）一书，书中对客户终身价值定义如下。

"客户终身价值：客户和企业关系存续期间，归属于客户的未来现金流量的现值。"

客户终身价值是有关营业额、成本以及时间（最重要）的高级函数。要精确计算客户终身价值相当复杂，所以很多人会估算该价值。参见下文。

《终极问题》（The Ultimate Question）一书的作者弗雷德·赖希尔德（Fred Reichheld）认为，计算客户终身价值时，应该考虑口碑问题。因此，客户价值包括以下要素。

总收入

- 客户所有的购买行为产生的边际利润；
- 推荐他人产生的价值。

总支出

- 获取客户的成本；
- 服务客户的成本；
- 维持客户关系的成本；
- 客户负评给品牌带来的影响。

这些指标很有价值，因为它表明公司值得花费多少金钱去获取一名新客户，即获客成本。但是请记住，获客成本基于以下假设：未来的客户和当前的客户情况一样，只有首席执行官和（或）投资者不要求快速提高当前收益，获客成本才有用。此外，只有公司在投资吸收客户时预测其未来情况，才能衡量获客成本。

为了与客户建立长期关系的行业或企业，通常会评估客户终身价值。全渠道营销的本质在于，与客户和潜在客户保持长期往来。这就是客户终身价值模型具有高度相关性的原因。

采用订阅式商业模式的企业，通常会使用客户终身价值与获客成本的比例去评估公司价值。许多软件服务公司在这个比例良好的情况下，可以接受负收益。可立谱（Klipfolio）网站认为该比例应该在3∶1左右。

客户终身价值的简单变体

由于很难精确计算客户终身价值，而且在一定程度上，许多公司会把未来利润提前作为收入计算，因此使用近似值或简化该指标有利于计算。通常，一段时间内，购买次数和购物车系数[①]（比如，每个客户每年的购买支出）就是客户终身价值的估算值。这个函数很简单，比较容易计算，只需要知道交易次数和平均购物车规模。

我们再以诺德斯特龙百货公司为例，该公司第四季度盈利报告开始使用"活跃客户数"和"每位客户的销售额"指标。在过去，报告中使用的是"每平方英尺[②]销售额"和"每个渠道销售额"。

◎ **基于客户终身价值进行市场细分**

从数据分析中得出的行为细分，可以再次应用在绩效分析上，并与客户终身价值进行对比。并非所有客户的终身价值都相同，因此有必要持续关注每个细分市场的价值规模。

这样一来，你就可以衡量公司是否通过全渠道营销提高了客户利润，将客户从利润较低的细分市场转移到利润较高的细分市场。

简单概览下分析情况，你就可以知道过去一个月，购物车规模大、购买频率高的客户有多少；购物车规模大但购买频率

[①] 此处相当于客单价，即每一个客户平均购买商品的金额。——译者注
[②] 英制单位。1英尺约合0.3米。——译者注

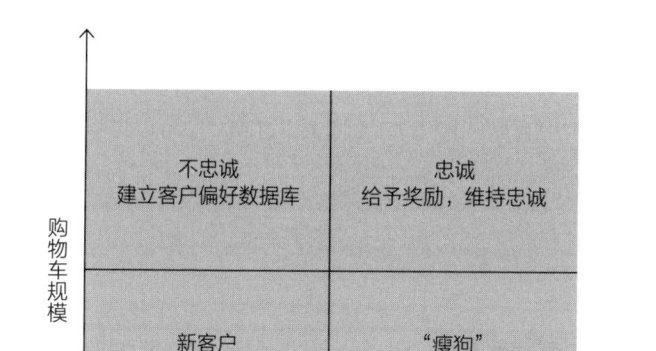

低的客户有多少。图 5.2 可以说明这一点。

```
购物车规模 ↑
         |  不忠诚            |  忠诚
         |  建立客户偏好数据库  |  给予奖励，维持忠诚
         |-------------------|------------------
         |  新客户            |  "瘦狗"
         |  发展并激励        |  交叉销售
         └───────────────────────────────→ 购买频率
```

图 5.2　基于客户终身价值的四种市场细分

持续确定各细分市场的客户数量，并追踪其变化，就可以知道沟通和服务的效果如何。

这种分配图会让人想起传统的波士顿矩阵模型。该矩阵模型包括"瘦狗"类产品（dogs）、"现金牛"类产品（cash cows）、明星类产品（stars）和问题类产品（question marks）。最初，波士顿矩阵模型是为了评估产品的潜力，但是该模型的逻辑也适用于评估客户。

◎ **其他客户面指标**

本节还包含其他客户面指标，其中大多数指标都会被纳入客户终身价值的计算范畴。但是，公司有必要分别追踪这些指标，因为它们通常会影响客户终身价值，是预测某些情况发展

的先行指标。下文将简要讨论一些比较重要的客户面指标。

钱包份额

钱包份额是指企业所提供的产品或服务占某个客户总消费预算的比率。例如，在 B2B 商业模式中，公司可以通过查看财务数据（如营业额）来确定客户规模，并参考正常情况下，相同规模的客户在公司的购买金额有多大，以此计算或估计客户的钱包份额。

每潜在客户成本

每潜在客户成本是指跨渠道吸引新客户或潜在客户的总成本，通常包括预约会议或通过电子邮件获得新客户许可的成本、媒体消费以及消耗的员工内部时间成本。

获客成本

获客成本（上文已提到）比每潜在客户成本更能衡量绩效。获客成本即跨渠道获取新客户的总成本。获客成本与每潜在客户成本一样，通常包括媒体消费成本。消耗的员工内部时间成本也需要纳入成本中。

保留成本

保留成本是保留一个客户所需支出的总成本。不同企业对"保留客户"的定义有所不同，这对计算保留成本肯定会产生影响。专注于订阅服务的企业很容易计算保留成本，但是零售业和个别交易很难计算该成本，因为这通常涉及客户在一定时间内的复购率。

◎ 以客户为中心的指标具有的优缺点

万事皆有利弊，指标的使用也有利有弊。但是，我们强烈建议公司使用以客户为中心的关键绩效指标，不要只使用针对特定渠道和活动的关键绩效指标。

以客户为中心的指标具有的优点如下。

- 提供不受渠道影响的客户价值情况；
- 帮助计算出获取新客户的合理成本；
- 设立对照组，证明跨渠道新举措的效果。

以客户为中心的指标具有的缺点如下。

- 难以准确计算客户终身价值；
- 需要集成多个数据源，以便更深入地探究它们之间的因果关系。

实际上，在计算其他几个以客户为中心的指标时，客户满意度也是需要纳入考量的潜在参数，因此下文将谈到净推荐值。净推荐值不只是涉及与客户行为相关的数据，它还涉及在客户生命周期的特定时间他们对品牌的看法。

◎ 净推荐值

"您好，您最近与挪威电信的珍妮有过电话沟通。基于此次交流，您有多大的意愿将本公司推荐给朋友或同事呢？推荐值为 0~10，0 分表示完全不愿意推荐，10 分表示完全愿意推荐，请回复相应的数字进行打分。祝好，挪威电信。"

客户致电客服中心后，可能会收到挪威电信发来的短信。客户不需要付出任何成本，就可以轻松回复该短信，而且还有机会表达自己的不满或赞美。

回复的客户可以分为以下三类。

首先是批评者，评分范围为 0~6 分，他们最不可能成为品牌推广大使。

其次是被动者，评分范围为 7~8 分，既不会完全满意，也不会完全否定品牌。

最后是推荐者，评分范围为 9~10 分，他们是品牌的潜在推广大使。

根据《终极问题》一书的作者兼净推荐值指标之父弗雷德·赖希尔德的观点，询问客户推荐品牌的意愿，远比询问满意度，更能知道他们的价值。挪威电信就是在询问"终极问题"。

品牌的净推荐值

品牌的净推荐值等于推荐者所占的百分比减去批评者所占的百分比。公司的净推荐值很容易呈现负数。此时，公司的批评者多于推荐者。从整体来看，净推荐值是体现客群价值强有力的指标。

客户推荐价值

根据经验，四个正面评价才能抵消一个负面评价。推荐者是公司最有利可图的客户（用纯粹的经济指标衡量得出）。此外，推荐者对传播口碑所做出的贡献，会显著影响整体的客户终身价值。批评者的价值比较低。推荐者非常积极地评价品牌，相当于品牌推广大使，并帮助公司吸引新客户，因此会创造额外价值。推荐者的客户终身价值远高于批评者的。

弗雷德·赖希尔德在《终极问题》一书中，利用模型阐述了这一点（见图5.3）。

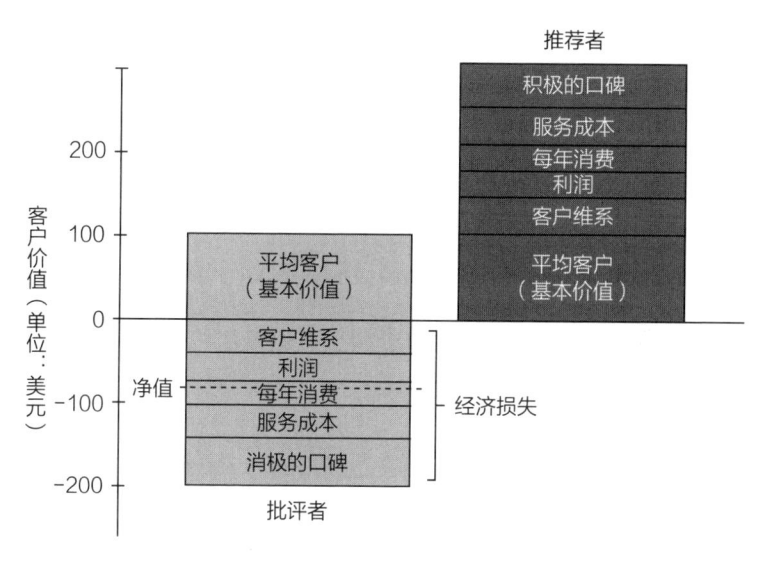

图 5.3 推荐者与批评者的客户价值

资料来源：弗雷德·赖希尔德《终极问题》。

简单使用——衡量品牌认知

与挪威电信一样，电信公司经常使用净推荐值宽泛地衡量品牌知名度。这些公司通过对客户以及非客户群体进行调查，询问他们更愿意推荐本品牌还是竞争对手的品牌，就能了解人们对竞争对手的品牌的看法，同时知道本品牌是否比其他品牌更受欢迎。

高级使用——生命周期、产品、分公司和员工

公司应该从更细致的层面来衡量净推荐值，比如客户在生命周期中的位置、客户与特定分公司的联系、客户对特定产品的使用情况等。这能使净推荐值更广泛地应用于管理决策中。例如，刚与客户建立关系时，就评估客户的净推荐值；然后在客户接受特定服务后，再评估其净推荐值。比较这两个数值就能得知，这个服务或者促销活动是提升还是损害了客户体验。客户净推荐值在创造客户体验方面，能提供有价值的洞察。

公司也可以对比各分店甚至各员工的客户推荐值得分：这家分店的客户更愿意推荐我们吗？与店内员工进行交流，看看他们的做法哪里不同。让得分低的分店以及店内员工向高分者学习，以加强各分店的客户体验。

客户跟进

"感谢您的评分！很抱歉，给您带来了不好的体验。请回答一些更具细节性的问题，以帮助我们提供更好的服务。请点击这里，反馈宝贵的意见！"

显然，客户的推荐意愿评分很有价值，但是了解分数背后的原因更重要，公司可以通过短信或电子邮件链接进行后续调查。

净推荐值的利弊

净推荐值可以很好地衡量以客户为导向的项目所取得的成效。要着手衡量并不困难,因为很多系统都可以合理地对评估过程进行自动处理并统计结果。

如果把净推荐值纳入组织的激励机制中,将其作为管理层和员工奖金激励的一部分,就能让他们更加以客户为中心。如果客户寻找的商品只能在公司的网店买到,与实体店销售无关,此举便能让员工进一步帮助客户,而不仅仅只关注店内业绩。

此外,净推荐值还有以下优点。

- 实施步骤简单,并不需要将其集成到所有可能(与不可能)的系统中;
- 本需要长时间衡量的指标(如忠诚度),可以通过净推荐值迅速了解;
- 有助于收集有价值的知识,了解客户想推荐品牌(或不想推荐品牌)的影响因素;
- 提供机会,追踪每一个对品牌不满意的客户,也许还可能扭转客户体验。

但是净推荐值也存在以下弊端。

- 如果询问客户对品牌有多大的推荐意愿时,客户并不了解该品牌，那么就可能会让人觉得调查造假。客户与企业的联系不太紧密时，要评估其对品牌的认知情况，不应该询问净推荐值，而要问其他问题；

- 如果不对批评进行回应并说明后续将采取改进行动，客户可能就会觉得这些调查很空洞；
- 净推荐值高，并不代表客户终身价值一定高。

第一，客户有推荐意愿并不一定会实际推荐。

第二，某些产品和服务的属性就决定净推荐值并无作用，无论评分是10分还是5分，都不会对客户价值产生实际影响。例如，某个产品可能本质上就无法吸引客户，或者客户可能觉得更换供应商太麻烦了。

第三，客户可能因为偶然事件终止订阅，这时净推荐值就不能预测客户推荐的意愿。

◎ 结合以客户为中心的指标以及特定渠道指标

在理想情况下，你应该使用以客户为中心的评价指标（如客户终身价值和净推荐值）以及特定渠道指标。实际上，可能没有任何公司会停止使用电子邮件营销、内容管理、转换优化，以及其他工具附带的内置分析工具。公司有必要将以客户为中心的关键绩效指标纳入考虑范围，并将其作为优化过程的最终目标。这样一来就可以保证优化各渠道时不会损害公司的最终目标，令公司创造更多的利润和更高的客户满意度。

特定渠道和活动指标通常是客户终身价值的先行指示，用来预测客户终身价值的变化情况。但不能同等对待这两类指标，而要考虑它们对以客户为中心的评价指标（如客户终身价值）能产生多大的影响，然后基于此进行优先排序。如何决定优先顺序？数据分析会告诉你答案。如果不了解这部分内容，请回看第三章的内容。

◎ **预测绩效**

正如我们在第三章提到，一些人工智能高级分析也可以用来分析绩效。你可以将关注点从关键绩效指标转移到关键绩效预测指标，对关键指标的可能发展作出前瞻性预测。这种方法也可以应用于分析各渠道和活动指标，以及以客户为中心的评价指标。

关键绩效预测指标与传统的预测方法不同。它并非只能推断概括性指标，还能基于个人客户或个案（如个人流失率）汇总预测结果。这表明关键绩效预测指标就像关键绩效指标一样，可以先分析总体数据或趋势，然后深入探究市场细分或个体客户，从而更全面地了解什么是驱动绩效。

将绩效分析纳入组织中

如果仅在市场营销部或销售部范围内分析合适的关键绩效指标和以客户为中心的评价指标，那这些绩效指标并无价值。要真正收获绩效分析的好处，就必须在整个组织内进行绩效分析，使其成为统一的行为。如何才能做到这一点？我们将在下文集中讨论相关的重要话题。

- 访问性；
- 个性化程度；
- 基准；
- 工具。

访问性、可见性和理解力

绩效分析结果不能只供财务部门和商业智能部门使用。如果只有高管才能获得实际数据，那就只有他们才能做出理性决策。此外，众所周知，高管都是凭直觉做出决策的，因此要获得事件发展的最新报告，其重要性不容忽视。

◎ 所有人都能使用正确的关键绩效指标

数字部门的经理通常习惯追踪数字渠道的进展情况，这很容易造成数据孤岛，也就是说，他们主要衡量追踪的数字渠道信息，而忽略与其他业务有关的以客户为中心的关键绩效指标。

其他部门也存在类似情况，例如，零售部可能只关注零售数据（例如晚间只对日营业额进行统计），而不关心一般的客户指标。因此，零售商看不到一些行为产生的价值，比如让客户浏览网店，或接受网购退货，这些行为甚至可能导致实体店当日的营业额下降。这显然无益于执行全渠道模式，推广以客户为中心的经营理念。更多渠道冲突内容，请查看第六章。

◎ 可见性——显示关键绩效指标并发送报告

如果员工只能看到部分工作的绩效结果，那他们很可能只会优先考虑这些工作。例如，如果获取特定领域的评估结果很麻烦（比如，员工必须进行登录，并到特定的地方获取数据），那实际上他们可能就不会去查看结果。常见的解决方案是公开展示绩效评估结果，并将每日或每周的关键绩效指标报告发送给利益相关者。

一家北欧的博彩公司制定了出色的关键绩效指标，每一名员工都可以获取评估数据，至少在原则上是这样。实际上，员工可以登录内网，找到这些指标数据，但他们并没有去查看。此外，在数字渠道上获得的新客户价值，以及在该渠道上进行自助服务创造的价值，在很大程度上仍然不可见。相比之下，客户致电客服部门以及客户到店产生的绩效都显而易见。这导致员工对资源进行优先排序，过度关注绩效可见的渠道，扭曲了价值的来源，改变了公司本应关注的内容。

公司有必要让绩效分析具有可见性。同时，使一些非必要的评估结果不可见也很重要。丹麦的一家大型公司在办公室安装了一个屏幕，屏幕上不断更新本公司与竞争对手网站的流量数据，这成为员工谈论的话题。如果公司落后于竞争对手，员工会觉得很糟糕，就更可能采取行动让公司网站获得更多流量。公司应该可视化更重要的关键绩效指标，如网站达成的目标（比如有多少人点击了"查找商店"），这会使员工在茶余饭后谈论"绩效质量"而非"绩效数量"问题。

◎ **理解绩效指标**

新指标不一定要一目了然。商店或者客服人员很难理解整个全渠道的理念，以及该理念配备的关键绩效指标。因此，有必要培训并指导员工理解、看懂并使用全新的关键绩效指标。员工在哪里能看到这些指标？这些指标意味着什么？员工如何才能知道自己的工作做得好不好？

个性化程度

员工可以从组织和部门评估中，获得不同程度的激励。假设公司和部门或单位都设立了以客户为中心的关键绩效指标，如果员工知道这些数据会直接影响他们的业绩，当然就会获得更多动力。

挪威电信的每一个部门都安装了一个显示器，可以纵览相关的关键绩效指标的情况。信息技术部门的天花板上悬挂着很多显示器，不断显示网站的响应时间、正常运行时间等数据。销售部门的员工可以看到当天的销售情况，以及当天销售排行榜上的热销产品。客服人员可以看到目前的来电排队情况，以及每次谈话结束后客户反馈的满意程度。

基准

为了判断个人绩效情况，帮助员工确定自己是否做好了本职工作，公司有必要提供一些当天、当周或当月的绩效基准。

公司可以提供相关数据让员工进行比较或者作为参考基准。

◎ **是否高于预算绩效**

也许最常用的基准是将预算绩效与当前绩效做对比：我们的绩效是否超出了预算绩效？但是，如果这个月还未结束，就无法衡量当月数据。

◎ **我比同事做得更好吗**

无论是个体之间的对比，还是分公司之间的对比，都可能给员工带来些许激励，让他们能与具有相同目标和责任的对象进行比较。内部竞争是激活零售连锁企业员工最有力的手段之一。从部门层面来看，可以通过这种方式建立强大的团队精神和团队凝聚力；从个人层面来看，如果公司也需要员工相互合作，就必须确保员工不会为了达到自己的业绩指标而导致出现次优化结果。

◎ **我们比上周做得好吗**

如果你正在努力优化并改变面向客户的流程，将当前绩效与前不久类似阶段的绩效进行对比，这可能很有价值。例如，与上周相比，这周你改变了做事方式，情况如何？自从你发布了这个应用程序后，情况如何？自从发起了这个活动后，情况如何？

这种对比可以明确地表明情况是否好转，但外部世界中不可预见的因素会影响客户行为，掩盖改变带来的影响。例如，天气会严重影响迪士尼乐园或者普通商店的访问量。特定日子也可能会带来影响。客户最后一次付款距离现在多久了？

◎ 对照组

对照组可以消除新行为带来的影响。沟通活动会设置对照组，把一组客户分成两个相同的小组，一组是实验组，另一组是对照组。例如，实验组可能接触到特定产品的促销活动信息，而对照组没有接收任何相关信息。从统计学的角度来看，除了能否接触促销信息这个变量，两组的其他所有因素都相同，之后比较促销活动带来的影响：这两组中分别有多少人参与了促销活动？

在无法分隔客群的情况下，很难使用对照组方法。通常，很难在实际世界里使用对照组进行实验，但是它们在检测沟通活动效果方面非常有效。

要确定忠诚度计划给公司带来的整体效益，就应该使用对照组进行分析。对照组客户没有接收到项目的沟通信息，比如新闻简报、活动邀请和交易邀请。一段时间后，计算两组客户带来的经济效益，这样就能深入了解忠诚度计划产生的总体影响。

工具

公司有必要拥有适当的工具，能够强调并解释相关的关键绩效指标，处理各种事项。下文将讨论选择绩效分析系统时应该考虑的重要因素。

◎ 数据可视化

一张图表比 1000 张电子表格更强大，包含的信息量更丰富。正如我们在第三章中提到，今天的可视化工具发展迅速，其功能远远超过了简单的静态图表，它可以非常有力地帮助你发现数据中的模式。用图表展示营销活动情况要比解读电子表格中的数字更容易，也更直观。

◎ **数据集成**

如果你要追踪以客户为中心的关键绩效指标，很快就需要比较不同渠道的数据。例如，合适的做法是将电子邮件系统的活动数据与企业资源规划系统的交易数据进行对比，这些交易数据来自商店的销售点，否则，你如何衡量新闻简报为商店创造了多少销售量？

通常，企业要对网站、客户营销平台、电子邮件系统、应用程序、客户关系管理系统、社交媒体和收银记录或企业资源规划系统的行为数据进行集成，以便可视化以客户为中心的关键绩效指标，但是每一次只专注集成一个渠道的数据。

◎ **通过电子邮件自动定期发送报告**

除了显示一直处于更新状态的绩效仪表盘，公司还可以通过绩效分析系统定期向利益相关者发送报告，这是公司的优势所在。

◎ **互动性和绩效**

展示当前的绩效情况是一回事。决定持续用什么指标衡量员工，并实现该想法，又是一回事，这很难做到。你寻找的指标工具必须具备良好的可视化功能，能够在定制的仪表板上显示绩效数据，然后在组织的大屏幕上显示，或者在员工的计算机上显示个人绩效信息。

但是绩效数据没有达到预期时，有必要观察这些数据随时间变化的情况，以确定数据的趋势，尤其是更深入地探究为什么整体绩效数据没有达到预期效果。哪个先行指标使特定的关键绩效指标无法达到预期？

这个功能明显不是只展示绩效结果。此外，该功能通常不会在公共区域的显示器上呈现。

员工必须使用台式电脑将数字呈现出来，然后查看隐藏在数字背后的信息，并对此进行深入探究。使用该功能不应该花费太多时间，可以等待一两秒。如果每次解答一个疑问就需要花五分钟或者更长时间，这个工具就失去了作用和价值。

◎ 和数据分析一样的工具

绩效的基础信息是数据，因此第三章中提到的所有分析方法以及人工智能工具和功能原则都适用绩效分析。擅长分析的组织应该能够使用算法，自动发现绩效数据中的重要模式。

但是，许多公司可能出现"大材小用"的情况。并非所有的客户信息数据都需要相同的系统来查看、探索并分析。只要数据基础相同，公司就很容易使用一组系统来分析数据，再用另一组系统通过可视化或仪表板查看关键绩效指标。

以数字为导向的陷阱

过于重视纯粹的数字目标产生的危害之一是，员工过分关注预期效果之外的目标，导致在工作环境中没有动力，员工之间不会互帮互助。

另一个危害是数字无法捕捉组织的本质。例如，如果客户体验在很大程度上取决于员工对公司的满意程度（咨询行业就是如此），过分关注月度预算绩效，可能会导致工作环境压抑，员工不满，进而导致客户不悦，那接下来一个月公司要达到业绩目标就更加困难了。

业绩分析不能取代领导力

出色的业绩分析不能取代杰出的领导力，强调这一点很重要。如果没有人理解公司的宗旨，并相信公司的愿景，相信他们能够建设辉煌的未来，那绩效分析将无法拯救公司。领导者仍然很有必要去激励员工，并创造让所有人都愉悦的工作环境。从本质上讲，管理和领导力有很大不同。

评估文化

为了实现"评估文化"，你需要在以下几个方面取得成功。

- 找到正确的、以客户为中心的关键绩效指标，并确定哪些指标可以作为先行指标；
- 使用可视化工具，用合适的关键绩效指标衡量相关员工。个体的绩效差异要具有可见性；

- 训练员工，让他们基于经理的持续反馈以及评估结果，不断优化表现。

以上就是绩效分析的全部内容：组织中的大多数人经常做决策，而他们决策的依据应该是对当前绩效以及发展情况的实际洞察。如果他们在任何情况下都有能力仔细审查数据，那就表明这些公司在绩效分析方面的水平不错（见图5.4）。

绩效分析的成熟度

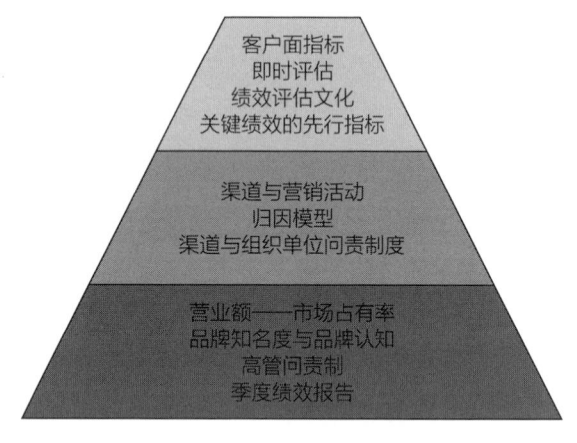

图5.4 绩效分析的成熟度

金字塔从上到下：
- 客户面指标 / 即时评估 / 绩效评估文化 / 关键绩效的先行指标
- 渠道与营销活动 / 归因模型 / 渠道与组织单位问责制度
- 营业额——市场占有率 / 品牌知名度与品牌认知 / 高管问责制 / 季度绩效报告

高成熟度

在绩效分析方面，拥有高成熟度的公司，通过完备的数据

第五章
绩效分析

分析建立了目标层级，将特定渠道和活动指标作为以客户为中心的关键绩效指标的加权先行指标。此外，它们还可以通过人工智能预测这些关键绩效指标最可能出现的变化。这类公司的所有员工都清楚自己的职责目标，也很容易了解自己的绩效情况，并且有能力基于数据做出决策。这类公司在启动新客户计划时，会尽可能使用对照组评估相对影响。

中等成熟度

中等成熟度公司采用结构化方式衡量并优化特定的销售和营销渠道。这些渠道通常在特定的实体部门和数字部门出现。这类公司使用前后对比的方法评估绩效，并且没有公认的层次结构，也没有最佳的先行指标衡量公司在长期内取得的成功。其中最明智的公司会使用销售模型，以确定不同渠道的广告对销售的贡献程度。

低成熟度

低成熟度公司主要衡量匿名的销售数据、收益和市场份额。在品牌和市场营销方面，它们专注于提升品牌知名度和品牌认知。通常来说，只有管理层能根据公司的财务和品牌相关业绩，获得季度绩效或者月度绩效（最好的情况）。

第六章
组织和管理

CHAPTER 6

第六章
组织和管理

组织和激励结构必须能够支持在各个渠道为客户提供最佳服务,否则,个人计划和目标很快就会阻碍你提供出色的全渠道客户体验。你的组织也必须拥有合适的技能和工具(见图6.1)。

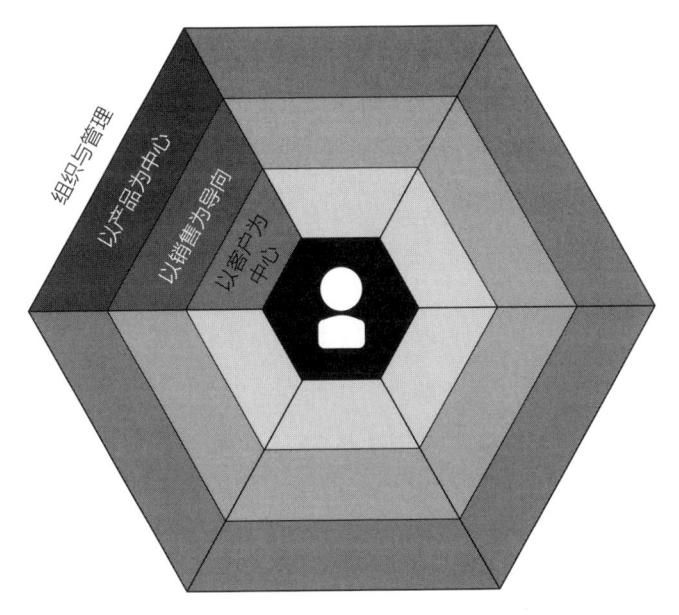

图6.1 组织与管理成熟度

克洛伊成为丝芙兰(Sephora)美容顾问的第一天,就到巴黎丝芙兰大学学习丝芙兰的态度、护肤、化妆和香水等课程内容。克洛伊觉得,丝芙兰似乎建立了以客户为中心的特殊运营模式。

克洛伊的主要培训课程:公司如何与客户建立联系,使用哪些工具和技术加以实现。

首先是使用店内的数字化工具。丝芙兰应用程序可以引导客户来到商店,找到货架上的特定产品。它还会给客户发送每日促销通知。客户可以使用虚拟化妆师尝试上妆,还可以实时应用美妆滤镜。

其次,丝芙兰还建立了"美容内幕"(Beauty Insider)忠诚度计划。这是爱美人士沟通交流的客群社区。客户可通过社区找到与自己肤色或发型相同的会员,然后通过相互交流来获得最佳美容建议。客户在社区内还可以获得虚拟美容包,看到所有最喜爱的产品以及过去的购买记录。此举非常方便客户复购产品。

销售人员获得了强有力的支持,大部分日常工作都可以借助各种技术和自助服务解决,因此克洛伊可以更加专注帮助客户找到合适的妆容,并利用这些工具引导他们。

技术并不是一切

要实现业务的全渠道转型,不仅仅需要智能技术。技术并不是灵丹妙药,只要你在组织中应用了技术,就能达到效果。不要奢望员工运用技术,就可以瞬间收获预期效益。如果你想执行全渠道模式,并运用人工智能取得成功,不要把技术当作孤立的项目,这一点很重要。

企业应该坚定地进行全渠道营销转型,这涉及整个组织的转变。全渠道领域一直在发展,要保持领先地位很难,要提前知道做法可不可行也很难。你最好在亚马逊、京东、阿里巴巴或者其他未知企业打乱本公司业务之前，就开始全渠道转型。

组织需要什么

问题在于，企业如何成功地创造出色的全渠道客户体验？本章将探讨在组织中实行全渠道模式的一些关键话题。

- 首席执行官的支持与巩固；
- 部门之间的合作；
- 重新调整激励结构；
- 全球营销组织；
- 灌输全渠道文化；
- 全渠道营销的新运作模式；
- 所需的全渠道技能和资源。

获得首席执行官的支持至关重要

你需要团队，但更重要的是，要获得整个组织的支持。你可以去说服其他部门。即使他们能理解推广全渠道转型是为了让企业取得成功，即使他们相信全渠道转型有必要，但他们仍然会受制于自己所在的部门，受制于公司先前设定的标准角色。他们的薪水报酬、目标以及取得财务和职业成功的决定性因素也受限于旧标准。和所有的组织变革一样，转型首先在于高层思维方式的变革，但是这无法在朝夕间实现。公司需要进行全渠道转型，但并不代表它是首席执行官今日必须执行的第一要务。

与首席执行官的目标一致

你要表明自己真正了解公司业务，而不仅仅只关注市场营销。记住，实现长期的商业成功，需要尽可能与客户保持相关性。因此，请确保首席执行官知道，你了解这一点。接受以下事实：在推行新事物时，你还必须继续执行传统的营销方式，至少还要持续好几年。此外，要避免过于狭隘地关注个性化的营销计划。

建立指导委员会

管理团队中有谁已经在支持这个计划？使用数据去优化响应率、客户参与度、销售额以及业务的其他部分，这并不是一个全新的想法。公司里有些聪明人，无论是否得到管理层的支持，都在做正确的事情。尝试去寻找这些员工。这些人很可能认为自己没有得到足够的认可，也没有能力和影响力去实施计划并维持潜在利益。这些员工就是公司需要支持的人。

与他们合作的第一件事是使用共同的语言和词汇。很多时候，不同部门使用不同术语，导致其他部门无法理解。克服该障碍的方法是与同事一起做全渠道基准调查（见本章末尾的链接）。请和同事讨论如何回答不同的问题，帮助统一重要术语的阐述，使大家能相互理解，朝着共同的方向前进。

让首席执行官读这本书

本书的内容，尤其是引言和本章节，能让首席执行官在一定程度上建立对全渠道模式的统一认识。你也可以向首席执行官介绍全渠道基准测试工具，介绍你和指导委员会将取得的最终成果。有时，相比较来自阿里巴巴和京东的威胁，首席执行官更关心直接竞争对手的状况。

被任命为转型推动者

必须有人推动全渠道转型。如果你已经组建指导委员会并说服首席执行官，那就很容易获得正式任命，成为公司的转型推动者。如果情况不是这样，可能是因为组织需要解决更多基本的问题，而它们目前正威胁着公司的短期生存。从本质上讲，解决这些问题对公司未来进行全渠道转型至关重要。

明确你需要得到的支持

本章将确定你在哪类问题以及哪类可交付的成果上，需要获得组织各部门的支持；明确你应该取得什么样的成果，以及获得什么支持以实现该目标；阐述最有可能出现的阻碍，然后说明当前的部门目标、工作情况、对应的激励结构以及奖励方案。下文会更详细地进行讨论这些问题。

重新调整目标和激励措施

有些指导委员会成员可能就是全渠道转型的领头人。如果全渠道模式使他们无法达成目标,而且会减少他们的报酬,他们就不会去推进转型。针对这些人,尤其是非委员会成员,首席执行官需要重新调整目标和激励结构,这样他们就不会产生阻碍作用,影响公司取得全渠道转型成果。显然,这无法在朝夕之间完成,所以需要你保持耐心并获得其他高管的认可。一旦满足上述条件,你就可以像往常一样变革(管理)公司,直到完成全渠道转型。

合作——谁做什么

你扮演什么角色?正如前文所说,全渠道转型需要首席执行官的支持,但是他不太可能是转型的主导者。那主导者是谁?根据2018年弗雷斯特研究公司(Forrester Research)对埃森哲公司(Accenture)开展的研究表明,公司高管们的职位都以字母C开头[1],这就间接强调了部门合作的重要性。弗雷斯特研究公司甚至建议,设立起到中间人作用的"首席合作官"。它不算是公司的真正职位,而是擅长促进各部门合作的推动者。

---

[1] CEO、COO、CFO、CTO、CMO 的开头字母都是 C,也是 Cooperation(合作)的开头字母。——编者注

营销部门占主导吗

B2C 模式从关注数字到关注消费者，该转变表明营销部门和首席营销官在全渠道转型中占据主导地位。事实上，弗雷斯特公司的研究表明，90% 的受访者认为首席营销官在公司各部门间起到衔接作用。

有三个关键点可以证明营销部门是主导者。

- 市场营销活动已从以品牌和广告为中心转变为以客户为中心；
- 市场营销是企业的核心职能，每天与客户互动最多、最广泛；
- 市场营销部已经大量运用并且习惯使用各种数字工具。

鉴于上述三点，营销部门应该作为主导者，带领公司从聚焦数字转向关注真正的全渠道模式。2017 年 5 月，波士顿咨询集团（Boston Consulting Group）在一篇文章里发表过同样的观点："为了维持并扩大市场份额，公司现任领导人需要重新思考以个性化价值主张为核心的业务，融合实体与数字体验，以加深客户联系。领导人需要把品牌个性化放在战略计划重中之重的位置上，以此影响市场营销、运营、销售和产品开发等所有的业务经营活动。"

公司并不一定非要首席营销官领导全渠道转型，其他高管也可以，但无论哪种高管负责转型任务，似乎都会统一并建立客户数字化互动原则。

以丝芙兰为例，2018年4月，在线杂志《时尚》(*Glossy*)对丝芙兰进行了一次采访，采访内容包括丝芙兰如何将实体店、数字化以及客户服务结合在一起。这个项目由丝芙兰全渠道零售执行副总裁玛丽·贝丝·劳顿（Mary Beth Laughton）全权负责，她以前是数字渠道的高级副总裁。

丝芙兰从数字化转型向全渠道转型发展后，以前的一些核心营销任务，比如品牌和广告内容，现在都由营销与品牌高级副总裁负责。虽然这位副总裁负责管控这些重要任务，但还不够资格成为全渠道转型的主导者。

新头衔

全渠道零售的执行副总裁、首席客户官和首席商务官都是新头衔，这表明公司正在统一职责，想要克服内部障碍，打破损害客户忠诚度并使每一个销售和营销渠道出现次优化的孤岛。这些职位通常肩负着盈亏责任，并非"有名无实"。他们承担着营收与支出的责任，也就是用营收支持全渠道转型。如果没有达到预期效果，他们就要承担责任。但对于首席体验官和首席数字官等职位而言，情况可能有所不同。如果没有明确的预算并获得授权，他们就可能失去影响力。

首席营销官能否胜任这类职位，或与其余高管合作，留待你、读者，以及未来给出答案。下文将简单地视首席营销官为转型的主导者。

最后，人工智能分析是成功进行全渠道转型的关键，但是由首席分析官全权负责的可能性不大。

跨职能协作的必要性

首席营销官需要兼顾传统营销和全渠道营销，并进行转型工作，但其他部门需要做什么呢？

◎ **与销售部门合作**

为了使全渠道六边形模型发挥作用，需要销售部门的大力帮助。当然，销售部门就有很多种运作形式。如果你从事的是实体零售业务，销售通常就等同于零售。如果你是纯粹的电商企业，销售往往等同于电子商务。B2B 企业（如制造业公司）分两种情况：公司以销量为基础，或者公司的销售很复杂。无论是哪一种情况，个人关系都很重要。

本书聚焦销量型企业，无论是 B2B 还是 B2C，客户经理与客户以及潜在客户进行数字交流，都能从中收集数据并获取洞察，从而获益匪浅。这与全渠道模式存在很多相似之处，我们不做深入探讨，客户营销的最新文献会有相关解释。

假设你是销量型企业，那会直接或者间接地与客户打交道。

从 B2C 销售（零售）部门获得的支持包括以下几点。

- 注册并识别店内客户；

- 推行数字工具；
- 持续进行人员培训；
- 推广、灌输并奖励全渠道文化。

从 B2B 销售部门获得的支持包括以下两点。

- 利用销售推广数字工具，以此帮助经销商（还可能收集数据）；
- 与零售商和经销商达成交易，获取终端客户的数据。

如果无法让销售部门支持全渠道转型，就会遇到典型的渠道冲突。确实有研究表明，购物者与品牌的互动渠道增多，消费金额就会增加。但是，如果公司没有重新思考并适当调整激励措施和奖励方案，商店经理往往会认为电子商务部才是他们最强劲的对手，因而不允许员工做与电子商务相关的事，比如引导客户进行注册、询问客户加入会员俱乐部、使用店内的新数字工具、微笑接受客户的退货（并获得追加销售）等。

◎ 与信息技术部门合作

如果核心业务平台仍然存在不稳定性（零售公司不确定存货数量、电信公司存在通话中断问题等），那全渠道营销活动要取得成效，就还需要一段时间。同样，如果你想让信息技术部门构建并维护先进的系统，他们很可能就会先处理基础项目，将你的项目置于其后。这些处理需要时间，所以请保持耐心。

如果公司有实体店，你需要信息技术部门安装、部署并维护实体店的新硬件，包括以下设备。

- 店内自助机。客户可以查看商品存货，并自助订购（店内电子商务）；
- 更衣室使用的魔镜，如上海永恒印记店（见第一章）。客户在登录账号，签署忠诚计划后，可以拍下自己佩戴首饰的照片，并与朋友分享；
- 扩展的销售终端机功能。销售助理可以查找个人客户，看到他们之前的互动历史、心愿单、线上购物车里还未下单的商品，以及未来最有可能购买的商品；
- 客户服务应用程序。集成所有详细的销售点信息和客户信息，嵌入便携式设备中，从而解放销售人员。他们可以在商店的任何地方查看信息，而不必受限在各自的办公桌上；
- 店内无线网络和信标，以便能够识别店内客户。

除了安装并维护额外的全渠道硬件，信息技术部门还要管理客户数据。以前，信息技术部门的主要任务是（现在可能仍然是）向首席财务官报告销售数据，但是不一定会询问客户数据的相关问题。最初人们认为欧盟的《通用数据保护条例》是企业在欧洲进行全渠道营销的一大潜在障碍。同时，对于任何在欧洲经营的公司而言,它也是巨大的阻碍。但事实证明这个保护条例获得了巨大成功,信息技术部门现在被迫要认真对待客户数据,并将其放入有序的数据库中,以遵守公共规定。没有员工记得客户许可了哪些内容(如果客户有许可),而这项法律减轻了公司的工作量,使其免于删除上千条未参与互动的客户记录。

◎ 营销技术的所有权

如今,市场营销部通常拥有营销云技术平台(通常通过"软件即服务"[1]等云交付软件)。营销部门可以利用这些平台化的销售资源,而无须依赖(过分依靠)信息技术部门工作,这往往是优势所在。这些平台并不一定会威胁公司的安全或稳定,但如果由信息技术部门负责这些领域,营销部门就要尊重他们,在选择系统并作出客户数据存储和集成决策时,让他们参与其中,并咨询他们的意见和建议。

◎ 从分析中获得洞察

正如第三章所说,信息技术(或商业情报)部门不仅要根据业务情况,报告销售数据,还要配备足够的设备(工具、数据)、人员(资源)和技能(能力),提供高水平报告和可视化数据。专门的分析部门应该基于以下问题,对终端客户进行持

---

[1] 也可称为"按需即用软件",是一种软件交付模式,软件仅需通过网络,不须经过传统的安装步骤即可使用,软件及其相关的数据集中托管于云端服务。——译者注

续的倾向评分和聚类分析：他们是谁；他们是怎样的人；他们有怎样的行为和特征；他们最有可能对什么感兴趣；他们最有可能做什么或购买什么；他们流失的可能性有多大（如果可能流失）；他们是否值得挽留（并且可能挽救）。

◎ 与研发部门合作

与研发部门有联系的主要是制造公司。它们基本上不直接与客户打交道。它们通常将数据收集功能嵌入产品核心，实施手段是将无线射频识别芯片或类似芯片嵌入实体产品的材料里，或者嵌入电子产品（助听器、汽车、电子阅读器、平板电脑、有源扬声器、软件，甚至成人尿布）的数字核心中。不要让研发部门建立封闭式的数据生态系统，实际上应该让它与市场营销部门、客户关系管理部门，以及分析部门合作，获取技术优势，这对于取得全渠道成功至关重要。

◎ 与人力资源部门合作

公司需要人力资源部门教育并培训现有员工，使其了解全渠道的总体概念以及全渠道新标准下的具体任务。在招聘新员工或设计涵盖之前各部门的新组织结构时，全渠道技能和能力也很重要。在重新设计激励结构和薪酬方案，适应全渠道新计划时，人力资源部门也是关键的利益相关者。

重新调整激励结构

公司不仅要让员工理解全渠道，还要激励他们支持全渠道转型。如果公司处理不当,员工甚至会为了经济利益反对转型。公司必须要改变这种状况。

激励措施不仅影响员工个人,还影响他们需要实现的目标。在21世纪初,客户没有很多可供转换的双向沟通渠道,因此公司很合理地将总目标分解为每个组织单位的子目标,并通过个人激励手段,让员工负起责任去达成目标。每个区域经理和商店经理都有自己的销售目标和成本目标,每个销售人员都有自己的销售目标。

随着电子商务的发展,公司组建电商团队并设立收入和成本目标,这似乎是很自然的事。这就导致了前文所说的实体店和网店的渠道冲突。此外,从组织的角度来看,如果将电商团队隶属于营销部,就可能会导致销售部和电商团队的全面冲突。从客户的角度来看,这似乎相当矛盾。

个人或集体激励

公司可以设立个体激励或者集体激励。例如,实现共同的目标可能获得集体奖励,这会促进员工合作并培养集体意识。集体奖励最适合需要几个人密切合作的复杂任务,而个人激励更适合用个人任务(例如,会议预订者统筹一次会议得到200英镑)。很明显,个体激励并不利于同一单位内员工的相互合作。

公司并不一定要遵循组织结构而开展激励。由于历史原因,电子商务可能不属于销售,而仍然属于市场营销,但销售总监获得的一部分奖励可能来自电商平台的销售。

激励应反映以客户为中心的关键绩效指标

为了实现激励效果，有必要对公司、部门以及个别员工进行持续的绩效分析。正如第五章所说，目标和激励应该反映影响长期客户盈利能力的最佳因素，而不是无意识地去促成各个销售渠道中的次优化。

虽然员工明白某项行动有利于客户和公司，但实际上，他们这么做往往是因为知道此举可以获得奖励，或者在绩效考核面谈时会将其纳入绩效成果。员工会将不计入业绩考核、服务于公共利益的任务置于其他任务之后，因此工作繁忙时，他们根本不会处理这些问题。

为什么组织还不调整这些激励措施

答案很简单：很难调整。

如果领导者没有受到激励，那就很难改变部门的工作目标和奖金计划。销售主管为什么要督促商店员工，让他们把客户送到"营销部门的网店"？基于这个原因考虑，公司高层必须摒弃孤岛思维，把客户放在中心位置。

从公司产生调整绩效结构的想法到真正落实改革，还需要一段时间，因为每年只进行一次绩效考核面谈，客服中心、店内和特许经营店的员工可能还用老式的绩效评估方案。调整激励机制需要付出艰辛的努力，但如果想要成功地进行全渠道转型，就很有必要进行改革。

激励结构问题属于过渡性问题吗

本书的两位作者为讨论全渠道六边形模型，安排了一场圆桌会议，在会议上总部位于哥本哈根和伦敦的电子商务咨询公司易能咨询（eCapacity）的首席执行官佩尔·拉斯穆森（Per Rasmussen）认为，与激励结构和渠道冲突有关的难题是过渡性问题，目前可能无法克服。但在未来，以客户为中心的激励结构会在公司普遍存在，甚至不需要向新员工讲解，因为他们的上一家单位就使用了这种激励结构。但我们认为，要达到这个程度仍有一段路要走。

门店中的激励结构

为了增加机会，使公司获得客户许可，并创造良好的客户体验，有必要改变绩效数据的统计方式以及激励措施。第一，公司必须向门店员工和管理层明确以下信息：帮助客户在网上购物并接受线上商品的退货，这是他们的职责所在。客户亲自到店退回线上购买的礼品，虽然该产品不属于实体店的库存，但是这样做他很可能会再次光顾这家门店，因为他就在附近生活。如果客户退货时的体验不好，可能就不会再光顾了。

第二，门店员工不应该因为客户到店换货（更换线上购买的商品）而受到惩罚。如果门店或员工有具体的收入和支出目标，门店的线上销售应该完全计入本店的营业额，而且门店不

第六章
组织和管理

应该负担客户网购退货的任何费用（当然，除非这笔销售获得的全部价值归属于门店）。

第三，门店应该乐于获得客流量。你应该用客户实例和确凿的数据说明，每一次线上购物后到店取货的客户或者到店换货的客户，都会带来潜在的追加销售。

第四，引入线上购物、线下提货的模式，比如网上购买的物品可以到店提货，这可以让员工知道网上销售如何帮助产生店内销售。在销售终端整合线上行为数据或通过门店经理向当地客户发送个性化新闻简报，包括当地的活动和促销内容可以实现这一点。2017 年 JDA 软件集团公司（JDA Software）和瑞典供应链解决方案公司森迪罗（Centiro）发表的一项研究表明，几乎四分之一（24%）的欧洲成年人到店提货时会购买其他商品。

美国家具公司箱桶之家（Crate & Barrel）的首席运营官迈克尔·赖利奇（Michael Relich）支持调整店内员工的激励结构："零售商需要围绕全渠道模式调整激励措施。通常情况下，公司会根据店铺的销售业绩来奖励实体店，同时基于线上销售业绩奖励电子商务团队。这种激励方式会阻碍客户跨渠道沟通时无缝衔接的体验。客户并不关心你如何组织各渠道经营，但你必须要提供无缝衔接的体验。"

同样，威廉姆斯－索诺玛公司（Williams-Sonoma）执行副总裁帕特里克·康诺利（Patrick Connolly）表示："员工促成客户线上购物会得到奖励。公司会安排合适的网购退货渠道，避免商店员工受到惩罚。全渠道概念在我们企业根深蒂固,公司鼓励门店在各渠道发布商品清单,不要担心店内销量下降。"

激励是鼓励某些行为,可以是软激励,也可以是硬激励。软激励仅仅反映员工的期待,而硬激励则会直接影响员工薪酬,通常表现为给个别员工发奖金。

数字营销团队的激励

公司也需要使用新激励结构衡量数字营销团队的绩效。与其他部门一样,数字营销部门的激励结构也必须重新调整,员工要接受再培训。数字营销部门必须建立数字解决方案和数字营销团队,这也会使实体店受益。例如,驱动客流到最近的商店,显示商店当前的产品库存,或邀请(或让零售经理邀请)客户参加当地活动。

市场营销中的孤岛

即使是营销部门内部也可能出现孤岛。如果部门设有不同的沟通渠道经理,这种情况就会尤其明显,但这也可能是活动量过大的原因。你应该意识到,各渠道上使用的工具本身会促使出现更多技能、数据甚至语言使用(如不同的指标)方面的"孤岛"。不协调的激励结构会进一步增强筒仓效应。

因此,内部的知识共享与合作必须置于优先地位。如果营销部门的成员间没有相互合作,又何谈与组织内的其他部门合作?又如何在全渠道转型中取得成功?

全球市场营销组织

跨国公司在每个地区或国家通常设有自己的营销职能部门和数字化职能部门。由于地区销售额很大，其所属公司的实权往往也很大，并且相当程度上可以自主管理公司。这表明国际营销部门的作用可能仅限于发展中心品牌，并确保在各国和各区域统一使用，即实行品牌管理。

在数字化方面，如果没有足够多的预算和人力，国际营销部门会弱化为生产数字工具的部门。这些工具主要由那些没有足够多的资源或预算去执行营销的区域公司使用。也就是说，全球营销会成为影响力最低的公分母，而不是创新的驱动力。

公司有必要采取措施，避免营销部门的潜力因此受到削弱。

如何在全球范围内实现全渠道

为了成功使用人工智能进行全渠道营销，公司需要集中管理权力和行动方案，同时还要为各地区的分公司留出空间，使他们能将中央方案本地化，并举办自己的活动。

通过这种方式，当地市场可以集中处理内容和活动，但数字开发（网络、应用程序）、自动化和分析等特殊技能最好由中央集中处理，这样就有可能达成群聚效应，创建并维持较少依赖特定人员的专业社区。对于数据分析，公司还可能需要将预测模型本地化，但不要将这项工作外包给分公司，应该由中央组织处理，而当地市场的客户行为数据则由分公司提供。不过要记住，开发适合不同文化的运作模式至少需要双倍的时间和资源，所以要确保中央部门有充足的资金。

许多公司根据区域，将全球市场划分为若干部分，如北美洲、拉丁美洲、欧洲（有时包括中东和非洲）、东南亚，甚至是亚太等地区。对于一些公司而言，这种划分方式能让公司在集中化和产品上市时间上做出适当权衡。

全渠道文化

如果组织、激励和技能都达到了全渠道的要求，但是企业文化还不足以支持全渠道工作，公司就仍然无法实现全渠道转型。第五章提供的优秀案例说明如何实现文化变革。挪威电信的数字销售经理拉斯姆斯选择推行"预订提取"的全渠道方案（即允许客户预订商品，在线下店提货时进行付款），尽管这与挪威公司传统的评估销售和归因销售直接冲突。这种方式将转化率转移到线下店，严格来说，这超出了拉斯姆斯的职责范围。事实上，拉斯姆斯一开始就有这个想法，并且相信如果实验成功，公司的激励机制就会做出改变，这表明挪威电信已经成功推广了全渠道文化。

泰伦斯·迪尔（Terrence Deal）和艾伦·肯尼迪（Allan Kennedy）合著了《企业文化》（*Corporate Cultures*）一书，将企业文化定义为"公司里做事的方式"。企业文化包括所有成文和不成文的规则，以及公司的指导价值观和原则。如果员工对需要做的事有任何疑问，就会不自觉地利用企业文化为自己的决策找到依据。

理解全渠道

员工必须明白，在以客户为导向的公司里，自己是公司的一部分。即使企业具备合适的激励措施和组织机构，也必须要让新员工迅速意识到，公司的生产、交流和服务都要以客户为中心。

举一个亚马逊的典型案例。它坚持"以客户为中心"，并将该理念深深植入公司的文化中。早在1997年，亚马逊的首席执行官杰夫·贝佐斯（Jeff Bezos）就说过以下言论，表明公司如何全心全意以客户为中心："我们不关注竞争者，而是关注客户。客户是我们一切工作的出发点，一切都是为了客户。"

重要的是，每个员工都要对全渠道营销的六大策略有所了解，并明白公司需要跨渠道认识客户、征求客户许可、收集数据，并利用从中得到的数据和洞察，以改善每个客户的服务和沟通。如果无法实现这些内容，公司就很容易浪费昂贵的信息技术投资，得不到预期的结果。

◎ 理解客户数据

公司推行全渠道模式时，其中一个重要部分就是处理客户数据。因此，员工应该明白何为数据驱动。最重要的是，员工要清楚自己手头的工作有何意义。

在数字部门，不同渠道的经理必须能够读懂并理解数据，能够使用数据库，能进行数据相关性分析，知道导入和导出数据的步骤、命名方式、应用程序接口的位置等。采用传统的市场营销方法，更多地使用宣传册进行营销的员工，就可能很难进入这个新领域。

即使公司推行大众媒体营销活动，也有必要让员工了解如何使用数据。从客户数据中获得的洞察确实可以用于创新。

进行实验

在技术发展日新月异的世界里，我们无法预测下一件大事是什么。即使是行业研究者也很难紧跟潮流并预测来年的趋势。

为了在竞争中保持领先地位，公司必须尝试全新的运营方式，需要开展新项目，并对现有解决方案保持开放的态度，在不损害整个业务的前提下，继续优化方案。我们在阿里巴巴、亚马逊、谷歌等许多大型公司身上看到了这种趋势，它们经常使用"内测"项目预测可能发生的下一个大事件。

公司必须鼓励员工去尝试，并给予他们奖励，不应该因为最初的失败就惩罚他们。实验创造知识，员工通过分享知识就会产生新想法。公司想确保每个商业项目都能百分百获利是好的，但坚持万无一失的结果，会使烦琐的规定扼杀新计划的实施。与此同时，如果竞争对手率先尝试，即使结果非常糟糕，也会获得创新的好名声。

工作娱乐型文化

泰伦斯·狄尔和艾伦·肯尼迪将企业文化划分为 2×2 的矩阵，纵轴表示反馈速度（公司从新措施中吸取经验的速度），横轴表示风险容忍度（每个行动下多大赌注）。

与狄尔和肯尼迪提出的四种企业文化类型相比，理想的全渠道文化与他们所说的"工作娱乐型"最为相似：经常性实验，每次冒一点风险，不断从中学习（见图6.2）。

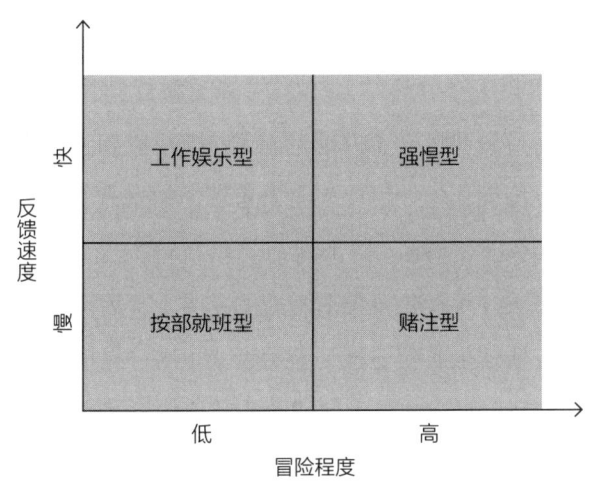

图6.2　四种企业文化

灌输全渠道文化

全渠道文化以及以客户为中心的理念尚未成为常态，因此全渠道转型需要进行强有力的内部营销与培训。此外，公司还需要付出持续的努力，使全体现有员工，特别是新员工获得与此相关的最新信息。

第一，请确保全体员工都知道，你的公司是以客户为中心的全渠道企业，并且了解这对于客户体验、员工、员工日常任务与目标有什么意义。公司应该视其为正常的（但是内部的）营销活动，将其概念化并进行命名，制作关键资产和抵押品（如描述性视频、采访和叙述），然后分发这些材料，可能还需要在各地区、商店和部门进行宣传。

第二，请确保员工在执行新任务时接受实用的培训。例如，负责客户关系管理的员工需要接受新营销技术操作的培训。销售人员需要接受店内柜台、客户应用程序、魔镜等操作培训。关于培训工作如何成为全渠道转型的重点领域，丝芙兰提供了启发灵感，堪称一大典范。

第三，关注可视化全渠道带来的差异。让所有部门和员工能直接、方便地查看仪表板，显示当前以客户为中心和全渠道模式的成熟度，展示团队为取得业务成功作出的贡献。

运作模式

公司决定开展全渠道转型时，首先要决定实施过程，然后再思考计划安排（见图6.3）。

该过程需要执行一些新任务。有些任务要由员工手动处理（比如与店内客户签订忠诚度计划），还有一些任务需要自动化

```
        新客户旅程 →
    ┌─────────────────────────────┐
    │         支持性工作           │
    │  ┌──────────┐  ┌──────────┐ │
    │  │  人工任务 │  │ 自动化任务│ │
    │  ├──────────┤  ├──────────┤ │
    │  │ 技能与训练│  │ 功能与特色│ │
    │  ├──────────┤  ├──────────┤ │
    │  │ 文化与激励│  │   平台   │ │
    │  └──────────┘  └──────────┘ │
    └─────────────────────────────┘
```

图6.3 新客户旅程运作模式

处理（比如提醒客户需要的商品已有库存）。人工任务需要员工具备工作技能，公司必须对员工进行培训。从更高层次上来说，员工需要有执行这些任务的动力，而动力来源于推广全渠道文化并适当调整激励措施。

公司必须使用营销技术栈拥有的功能和特征来设置自动化任务。有时这些平台不具备所需功能，所以公司必须开发或者改造平台。

公司在设想未来的全渠道客户旅程时，有必要关注企业文化，并考虑是否有合适的平台可供使用。

精益的全渠道优先次序法

暂时假设一下，我们已经看到了未来的全渠道客户过程，建立了所有必要的平台。接下来，你需要考虑的关键问题：全渠道过程的哪些问题会阻碍你获取更有利可图的客户关系？关于这一点，你要在数据分析的帮助下与主要利益相关者达成一致。

这部分问题被称为"史诗"（epic）。它借用了敏捷开发的原则，表示从终端用户（终端客户）视角看到的一系列工作，可以将其分解成更具体的任务。这些任务通常称为"用户故事"。公司应该对每一部"史诗"的价值和成本付出进行高水平评估，然后确定每一个问题的优先解决次序。

价值包括以下要素。

- 预估的短期转换收益；
- 根据客户生命周期价值预估的长期利益。

需要付出的成本如下。

- 建立或调整平台特色；
- 创建内容和创造性素材；
- 协调内容、沟通、自动化营销和客户关系管理；
- 根据新任务调整培训计划和激励措施；
- 培训员工执行新任务。

公司当然要将价值最高但所需成本最低的问题置于首要位置。

如果公司遵循"工作娱乐型"文化，根据埃里克·莱斯

（Eric Ries）对"精益创业"的定义来看待全渠道客户旅程，就很有意义，此时新客户旅程就是你的"产品"。埃里克·莱斯在2011年出版的《精益创业》(The Lean Startup)一书中倡导"构建、衡量和学习"的迭代过程，以使公司能快速取得进步，并了解哪些方法有效。当公司把全渠道方法引入既有业务，并利用现有知识分析现有数据时，就可以把埃里克的方法稍加调整，改为"学习、构建和衡量"。

传统的精益创业方法的"构建"阶段不仅包括在平台上编码，还需要将即将出现的"史诗"精炼、转化为平台团队、营销团队和客服人员（在客户服务功能和店内）的直接价值。平台团队需要开发哪些新特色（即用户故事）？它们的优先顺序如何？需要开发并部署什么内容？谁在未来需要执行哪些任务？如何确保这些员工拥有所需技能？

培训员工还是找代理商

不管是通过聘用人员还是培训现有员工，在公司内部发展全渠道所需的所有技能是人力资源部的主要任务。公司在创建新平台时，可能暂时缺乏一些能力，需要公司外部的人员支持，但一旦步入运营阶段，这个需求就会下降。对于这些项目，公司确实可以依靠机构以及外部系统集成商的支持，将所需的全职员工数量降到最低。如果公司有能力组建一个可靠的内部开发部门，那推广计划与方案所需的时间就会很短，因为开发人员对现有方案了如指掌。

公司还需要员工具备其他专业能力，特别是分析和建立自动化营销的能力。如果组织规模相对较小，请考虑能否为每个特殊岗位创造专业环境，否则你还要支出大笔费用聘用专家，而他很快就会感到孤单并灵感枯竭，在还未取得真正的成果之前就离职了。如果公司不能为特殊岗位创造足够专业的环境，就应该寻求该领域的外部支持而不要聘用专门的人员。

结合一切，形成连贯的客户体验

将全渠道资产和平台的部分生产外包出去很有吸引力，但是请确保公司拥有并维持足够强的能力，能够将每个平台和行动方案结合起来，形成连贯的客户体验。不要将协调和安排优先事项的工作外包出去。

如果想真正成为以客户为中心的公司，就不能把以客户为中心的业务外包出去。

如果你与多家代理商在不同渠道和解决方案上有合作，这种协调管理能力就尤为重要。它需要高度的战略眼光，尤其是项目管理能力，以确保整合不同的解决方案，而且每个人都能为创造全面的客户体验积极贡献力量。如果你与广告代理服务公司合作，这种能力就没那么重要。但是，公司通常需要为单个渠道购买专业技能。无论是什么情况，全渠道六边形模型都很有用。

第六章
组织和管理

组织与管理的成熟度

组织与管理成熟度可以概括如下（见图6.4）。

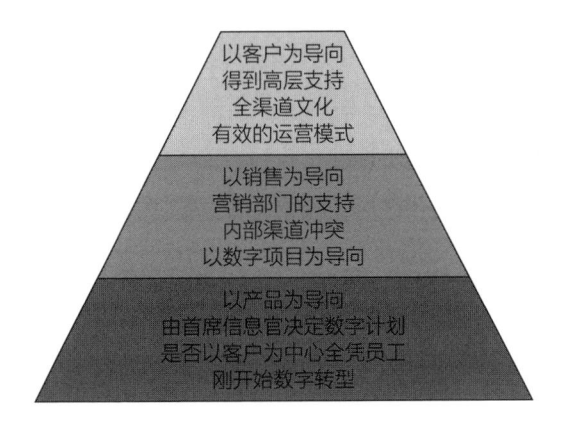

图6.4 组织与管理成熟度

金字塔顶层：
以客户为导向
得到高层支持
全渠道文化
有效的运营模式

金字塔中层：
以销售为导向
营销部门的支持
内部渠道冲突
以数字项目为导向

金字塔底层：
以产品为导向
由首席信息官决定数字计划
是否以客户为中心全凭员工
刚开始数字转型

高成熟度

成熟的全渠道公司会以客户为中心，转型会得到首席执行官的支持，并安排专门的直属高管（如首席营销官、首席商务官或类似人员），集中负责全渠道的客户体验。这类公司在跨部门协作上表现良好，所有职能部门都清楚自己的角色，知道自己必须达到的目标，并且通过激励结构刺激他们行动。这类公司使用全球方法开发本地市场，利用规模和本地化优势，并将以客户为中心的全渠道文化渗透到所有部门中，通过一套全渠道运作模式来维持运营。它们关注如何最有效地平衡内包与外包的关系，不断建立并保持全渠道技能。

中等成熟度

中等成熟度公司面向市场，以销售为导向，公司内部只有市场营销部门和销售部门能真正做到以客户为中心，但在实施以客户为导向的项目时，公司与其他业务的集成程度却有限。这类公司通常设有数字能力中心，用于收集数字知识和能力，其市场营销部和信息技术部大多会加强合作，但组织结构和激励结构还没有发生根本性变化。

低成熟度

低成熟度公司主要基于现有的技术知识来优化产品，只有个别员工思想先进，才能真正做到以客户为中心。这类公司的发展措施主要是优化并扩大生产，使之与销售同步，以及维护整体的品牌和形象。这种公司很少使用与客户有关的数字技能，并且把信息技术部门视为系统管理人员。它们的信息技术部致力于确保生产和销售系统正常运行，没有动力帮助市场营销部。

结　语

具备最先进的全渠道模式的组织会一直致力于建立活跃用户的客户数据库，通过多个渠道积极主动地识别这些客户，并与他们开展交流。这些公司会集成多个数据源的客户数据，获得每个客户的交易数据、行为数据和情感数据，并集成客户档案，让市场部门获得这些信息。它们不断使用人工智能和预测分析，从而获得宏观层面以及个体客户层面的洞察。预测模型会不断确定每个客户的下一个最佳行动，这些洞察直接与沟通行动、产品和服务结合，从而构成客户体验。它们的沟通和服务部门会尽可能利用数据为客户提供个性化内容。这类组织的目标是通过创造性活动和跨渠道的自动沟通，尽可能利用较少的资源，创造较多的连贯性和无缝的客户旅程。它们会使用客户指标评估全渠道绩效，确保获得最佳效益，尽可能创造更多有利可图的客户关系。为了实现上述所有目标，这些公司围绕全渠道模式进行组织，调整部门结构和激励措施，实现以客户为中心的经营模式。

读完整本书，你可能对公司的各项成熟度有所了解。如果还没评估公司的全渠道水平，建议先花 20 分钟完成全渠道基准测试工具中的问卷调查，以便更深入地了解公司的成熟度以及与竞争对手的对比情况。

此外，你还能在基准测试工具中找到更多详细信息。根据基准工具反馈的具体信息以及评估得出的公司类型，你将知道要采取什么措施才能促进全渠道转型。你的组织属于典型的销售人员类型吗？还是科学家类型？下一个最佳步骤是什么？

除非公司刚踏足全渠道工作，否则组织和管理都可能是全渠道转型的最大障碍，这说明你需要组织中其他部门的帮助。全渠道内容覆盖广，你无法凭一己之力实现它。为了使更多人加入其中，我们强烈建议你也邀请你的同事填写基准工具中的调查问卷。这不仅有利于开展对话交流，还可以在整个组织中传播全渠道知识。

登录基准测试工具后，就能获得个人链接。你可以将链接发给同事作答，这样就能在同一账号里看到他们的答案。这样一来，你就可以将共同得出的结果与行业基准进行比较，也很容易知道组织内部人员对一些事情的不同看法。

全渠道模式之后是什么

最初是多渠道模式，之后是跨渠道模式，现在是人人都在谈论的全渠道模式。新手可能认为，全渠道模式完全是新瓶装旧酒（酒或多或少相同，只是标签不同）。你可能会问，接下来是什么模式？全渠道模式会一直存在吗？

"全渠道"的优势在于，它很难被其他术语取代。毕竟，没什么比"全渠道"覆盖更广了。尽管如此，十年后我们也可能不会再使用它。虽然很难预测下一个潮流是什么，但我们相信，以更快的速度与客户进行沟通，且提供更具相关性的内容，这种全渠道的沟通方式不会很快过时。从这个角度来看，潮流也不再那么重要。

致　谢

著名科学家牛顿曾说："我看得比别人远是因为我站在巨人的肩膀上。"本书的编写也是如此。本书以及全渠道六边形模型的问世，绝不能仅仅归功于两位作者。编书之旅得到了很多人的帮助与启发，他们在构建框架和书籍编写上发挥了重要作用，在此必须表达我们的感激之情。真挚感谢组织激励模型以及人工智能内部领域专业人士的帮助。没有你们，这本书和全渠道六边形模型就不可能如此全面可靠。

首先，感谢参与第一本书《个性化服务：征服客户》研究编写的近60位人员。你们看到此文应该明白，此处不赘列，再次感谢！同时感谢首版书的读者。感谢你们阅读、评价并讨论拙作，感谢你们预订讲座、主题演讲和研讨会！感谢你们在撰写论文、开展业务，以及与客户往来时使用全渠道基准工具。

其次，感谢编写路上遇到的所有人，帮助精进并更新全渠道六边形模型，使其符合国际公司使用。感谢乐斯菲斯公司的伊恩杜瓦（Ian Dewar），乐高公司的阿雷克·扎科内克（Arek Zakonek）和贝伦德·西肯加（Berend Sikkenga），永恒印记的哈伦·刑（Harlen Xing），贝塔斯曼在线公司的贾斯汀·桑迪（Justin Sandee），有声读物公司的马丁·约纳森（Martin Jonassen）等。

我们还要感谢网络商业倡议（Networked Business Initiative）团队，特别是首席执行官简·福特鲁普，感谢能与他在全渠道基准测试工具上长期保持合作。感谢哥本哈根商会看到了全渠道六边形模型的潜力，并与我们合力开发。感谢网络商业倡议的卡斯滕·约翰森（Carsten Johansen），一直支持问卷框架的更新工作，使它成为世界各地组织更有裨益的工具。

同时真挚地感谢市场营销技术公司阿吉利克（Agillic）的同事和休斯敦分析公司（Houston Analytics）的数据科学家。感谢杰斯珀·瓦伦丁·霍尔姆（Jesper Valentin Holm），博三农（Bo Sannung），托马斯·加德·安徒生（Thomas Gaarde Andersen），安蒂·西瓦涅米（Antti Syväniemi）等人士与我们开展对话，帮助我们更深入地了解全渠道模式与分析问题。当我们深陷全渠道泥沼，看不到六边形模型的美好未来时，感谢他们伸出援手，帮助我们脱离困境。

感谢出版商尼基·穆林（Niki Mullin）的耐心等待，允许我们一切就绪，再着手写作。感谢萨拉·塔赫里（Sara Taheri），苏珊·弗伯（SusanFurber）和黑泽尔·伯德（Hazel Bird）对本书进行细致的校对，并提出友好建议，使本书的观点更加清晰扼要。

致　谢

　　最后但同样重要的是，感谢我的家庭和妻儿。当我们（即使只是精神上）忙于著书，在丈夫和父亲的角色上不够称职时，他们表现得极为耐心。